代官山『イル・プルー・シュル・ラ・セーヌ』が創る
## 新シフォンケーキ　心躍るおいしさ
―人気講習会から選りすぐった22のレシピ―

弓田 亨　深堀 紀子

*flavor chiffon cake*

## contents

*plain chiffon cake*

*season's fruit chiffon cake*

| | |
|---|---|
| 4 | ごあいさつ |
| 5 | イル・ブルー流シフォン そのおいしさの理由と 今までのつくり方との大きな違い |
| 7 | 混ぜ具合と焼きあがった 生地の「すだち」の違い |
| 8 | 卵白について |
| 9 | 基本の泡立て方・混ぜ方 ハンドミキサーで泡立てる ホイッパーで混ぜる エキュモワールで混ぜる |
| 12 | 器具について |
| 14 | イル・ブルー流シフォン その基本の素材 |
| 16 | **プレーンシフォンケーキ** |
| 26 | シフォンケーキQ&A |
| 29 | フルーツの漬け込みについて |

nuts & japanese style chiffon cake

### 季節のフルーツ シフォンケーキ

- 31 ラズベリー
- 34 レモン
- 36 オレンジ
- 38 杏
- 40 パッションフルーツと マンゴー
- 42 バナナ
- 44 ブルーベリー

### 食感を楽しむ シフォンケーキ

- 46 栗
- 48 くるみ

### 和風 シフォンケーキ

- 50 ごま
- 52 抹茶

### 香りの シフォンケーキ

- 55 コーヒー
- 58 スパイス
- 60 シナモン
- 62 紅茶
- 65 ジンジャー

### パーティー シフォンケーキ

- 69 チョコレート
- 72 マーブル
- 74 クリスマス

### 塩味の シフォンケーキ

- 77 ベーコンとピーマン
- 80 エルブ・ドゥ・プロヴァンス とチーズ

### さらにワンランク上の シフォンケーキのために

- 82 デコレーションのための ソースとクリーム
- 86 デコレーション

### イル・プルー・シュル・ラ・セーヌ

- 89 出版
- 90 パティスリー イル・プルー・シュル・ラ・セーヌ
- 91 嘘と迷信のない フランス菓子・料理教室
- 92 製菓材料輸入販売
- 93 エピスリー イル・プルー・シュル・ラ・セーヌ
- 94 弊社で取り扱っている材料一覧

本書のレシピはすべて20cm型でつくっていますが、分量は17cm型を使っている人でもつくれるように、20cm型と17cm型の両方を併記しています。

salt chiffon cake

party chiffon cake

## ごあいさつ

　お菓子づくりの領域の中で、イル・プルー・シュル・ラ・セーヌは常に真実の味わいを求めてきました。シフォンケーキにもようやくここに私たちの考えを明らかにする機会が与えられました。
　皆さんは、シフォンケーキのおいしさとなるやわらかさにも、本当はさまざまなやわらかさや表情があることをご存じですか？
　今までのシフォンケーキのやわらかさは、私から見れば、楽しさのない、グルテンが無理につくりあげた見せかけのやわらかさなのです。
　私たちははじめて、本来主役であるはずの卵のソフトさと素材の味わいをグルテンから解き放ちました。豊かな表情をもった、新たな、心躍るおいしさに、シフォンケーキが包み込まれます。

弓田　亨

　本書で紹介する22種類のシフォンケーキは、すべてそれぞれの素材が十分にいかされたものです。何度も試作を繰り返し、素材に応じたおいしさを考えて、やわらかさを変えてあります。プレーンやオレンジはやわらかめが、反対にスパイスやごまなどは少ししっかりした食べ応えがある方がおいしさが感じられます。
　できるだけはじめての方も失敗しないような配合とつくり方を考えました。つくり方のポイントはプレーンに詳しく書いていますので、まず、プレーンを読んでからつくってみてください。そしてバリエーションに挑戦してみてください。皆様の楽しいケーキづくりのお役に立てれば嬉しいです。

深堀　紀子

深堀先生が代官山の教室で行っているシフォンケーキの講習会情報はこちらへ。
http://www.ilpleut.co.jp/ecole/index.php/1day

# イル・プルー流シフォン そのおいしさの理由と 今までのつくり方との大きな違い

## 〔粉をはじめに強く混ぜる今までのシフォン〕

　今までのほとんどのシフォンケーキのつくり方は、卵黄と砂糖などを泡立てたものに、ホイッパーやハンドミキサーで粉をしっかりと混ぜ込みます。これは生地のつくり方としてはより簡単に、シフォンケーキの形に焼きあげることはできます。粉を強い力で混ぜ込むことによって、グルテン★を多量に形成し、グルテンのち密な膜をつくりあげ、あとで泡立てるメレンゲを混ぜ込むのです。こうすれば、メレンゲのできあがりがよくなく、たとえ泡がかなり消えていても、グルテンの膜は水蒸気を逃さないのでふくらみがよくなるからです。

　しかし、グルテンそのものには乏しい味わいしかありません。しかもタンパク質ですからオーブンで加熱されて凝固すると、水、つまり唾液には溶けません。グルテンが他の素材のうまみを包んでしまうと、おいしさが感じられることなく飲みくだされてしまい、おいしさの失われたきわめて平坦な味わいになってしまいます。

　そして皆さんがシフォンケーキの命と考えているやわらかさは、この製法の場合"卵白の繊維のやわらかさ"ではなく、網の目状にはった"グルテンのやわらかさ"なのです。グルテンのやわらかさは妙に間が抜けて歯にまとわりつき、あまり心地よいやわらかさではありません。他の素材も一様にグルテンの膜が強く包んでしまうので、種類の違うシフォンケーキでもやわらかさがどれも同じで楽しさがありません。ただフニャフニャなだけなのです。

　また、今もてはやされている手で型からはずせるようなシフォンケーキは、グルテンが多量にでているからこそ可能なのであり、香り、歯触り、味、どの点においても決しておいしいとは言えません。

★グルテン……小麦粉を水でこねたときにできる粘着力のあるタンパク質のこと。

◀グルテンがつくりだす「すだち」の細かい今までのシフォンケーキ

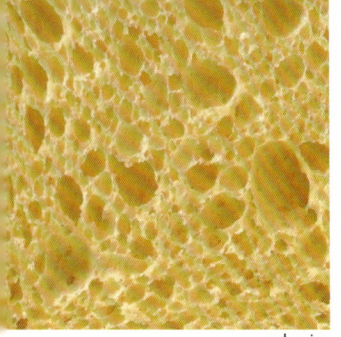
plain

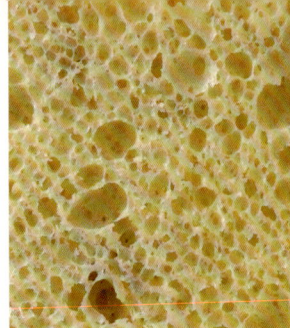
banana

## 粉はメレンゲがほぼ混ざった頃に、あとで加え混ぜ始める
## それがイル・プルー流のつくり方

　粉をメレンゲのあとに、しかも私どものオリジナルの器具・エキュモワールで混ぜることによって、粉の混ぜ方はハンドミキサーと比べれば著しく浅く、シフォンケーキの形を支えるために必要な最低量のグルテンしか形成されません。
　過度のグルテンが他の素材を深く包み込むことがないので、イル・プルー流シフォンでは、素材の味わいがはっきりと、とてもよく感じられます。おいしさにふくらみとあたたかみができ、より印象的な味わいになります。
　また、グルテンの形成が抑えられているだけでなく、より厳密に、強いメレンゲをつくりあげて、十分にメレンゲの泡を残すよう混ぜていきます。そのため卵、特に卵白のやわらかさが表面にでて、しっとりとした、卵の香りの十分にいきた、卵の香りと他の素材が競い合う豊かなふくらみのある味わいになります。

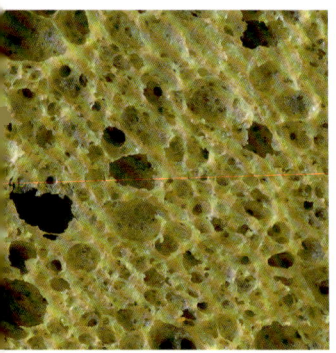
green tea

marron

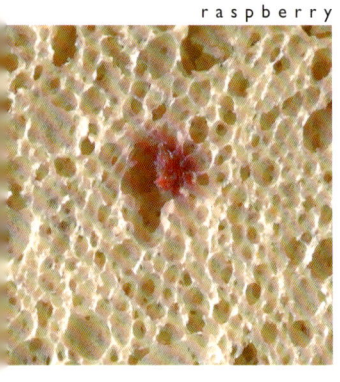
raspberry

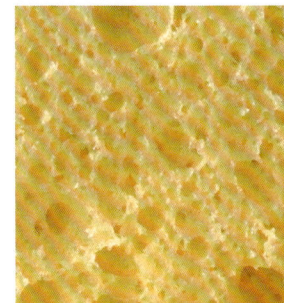
christmas

## 生地は「すだち」が揃っていた方がおいしい！のではありません

　グルテンを多量に形成し、メレンゲなどをしっかりと混ぜ込んだ生地は「すだち★」が細かく焼きあがります。グルテンの繊維はとても強く、一度つくられた網の目はベーキングパウダーの力で膨張する時も切れないので、目は細かく焼きあがります。しかし味わいは薄れ、歯触りは歯にまとわりつくだけの表情のないやわらかさになります。
　しかし粉をあとに加えて混ぜると、グルテンの網の目は粗めに焼きあがり、卵のやさしい歯触りに、混ぜ込んだ他の素材の味わいが豊かにいきてきます。けっして「すだち」のきめの細かさだけでシフォンケーキの味わいを判断してはいけません。イル・プルー流シフォンケーキとグルテンをだしすぎたものとの「すだち」をよく比較してみてください。

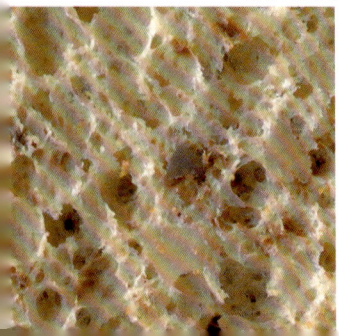
walnut

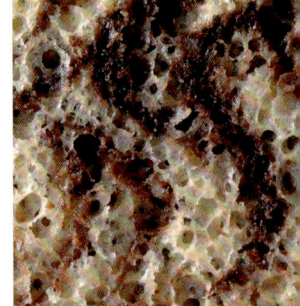
marble

　★すだち……パティシエ用語で、生地のきめのこと。
　　写真は本書にでてくるシフォンケーキのすだちの写真です。

# 混ぜ具合と焼きあがった生地の「すだち」の違い

混ぜ具合によって、焼きあがりの生地の目が違います。

## 1 混ぜる回数が足りない、あるいは本書に記してある回数を混ぜたがスムーズに混ぜることができなくて、目に見えない細かい部分で卵黄を泡立てたものとメレンゲの混ざりが浅い場合。

- 生地の量は多くなります。
- 焼きあがりは、大きな不規則な穴がかなり多くでき、すだち（生地の目）も粗めのものになります。
- 指で触った感触は、少し間の抜けた腰のない、過度のやわらかさがでます。歯触りは物足りない、ふにゃっとしたやわらかさになります。

## 2 十分にほどよく混ざっている場合。

- ちょうどよい生地の量になります。
- 焼きあがりは、大きな不規則な穴はなくなり、目も少し細かくなります。
- 歯触り、指で触った感触は、しっかりした弾力があり、はっきりした印象がでてきます。

## 3 混ぜすぎた場合

- 生地の量は 2 の 3/4 ほどに少なくなります。
- 焼きあがりは、メレンゲの泡の消えた生地が下に沈み、生地の下の方は目が詰まり、生地に大きな不規則な穴ができます。
- 歯触り、指で触った感触ともにソフトさは消え、少し重いかたさがでてきます。

注：さまざまな条件により、生地の目の状態は少しずつ異なります。

※生地をつくってからすぐにオーブンに入れないと生地の中の重い部分は底の方に沈み、軽い部分は上の方に浮いていき、混ぜすぎた場合と似たような焼きあがりになります。そのため生地はできたらすぐにオーブンに入れます。

paste 7

# 卵白について

新しい卵白ではよい泡立ちは決して得られません。割り分けたばかりのドロンとした、スプーンで全然すくえない新しい卵白を泡立てても繊維が切れず、気泡量の少ない、ポロポロした混ざりの悪い消えやすいメレンゲにしかなりません。よい泡立ちを得るためには、卵白をサラッと流れるように〈水様化〉させなければなりません。しかし日本の卵白は、新しいものを冷蔵庫にそのまま入れてしまうと、半月経ってもドロンとした状態から変わりません。そこで意識的に卵白を水様化させます。

常温で水様化させる方法と、キウイの裏ごしを使って早く水様化させる方法があります。

## 水様化卵白のつくり方

### 常温で水様化させる場合

**1** 卵白をできるだけ20℃以下の場所において、1日1回レードルでよく混ぜます。2週間ほどで、暖かい時（20℃ほど）は1週間ほどで少しずつ水様化します。

＊気温が低い冬は少し暖かめのところにおきます。混ぜるのを忘れると、水様化は遅くなります。また、あまり暖かいところで急激に水様化させようとするとにおいがでることがあります。

**2** スプーンですくえサラサラと落ちるがよく見ると少しトロンと落ちる部分があるまで水様化させます。

**3** ここで冷蔵庫に移し、水様化の進行を抑えます。

### 泡立てる時の水様化した卵白の温度

日本の卵白は繊維が弱く、水様化するとさらに弱さは著しくなります。そこで、私たちは卵白をボウルごと冷蔵庫などで10℃ほどに冷やしてから泡立てます。卵白の温度が低くなるとメレンゲの気泡量は抑えられますが、強くて消えにくい、混ざりがよく滑らかな泡立ちになります。

### 裏ごししたキウイを入れてつくる場合

卵白は90％が水分で、残りがタンパク質の繊維です。キウイ、パパイヤ、生のパイナップルにはタンパク質を分解する酵素が含まれており、これが卵白の繊維を化学的にほぐして水様化させてくれます。ただしこの力は強いので、あまりおくと水様化が進みすぎ、かえって弱い泡立ちになります。キウイの分量は、卵白の量に対して1％です。

**材料**（最も少量つくる場合）

200g………卵白
　2g………裏ごししたキウイ
　　　　※酸味のはっきりしたもの。くさりかけた酸味の弱いものは分解する酵素の力がかなり弱まっています。

**1** フードプロセッサーに卵白と裏ごししたキウイを入れ、30秒かけます。泡立った部分は捨てます。フードプロセッサーによっては15秒ほどでかなり泡立つ力の強いものがあります。その場合はそこでやめます。

**2** 密閉容器に入れ、10時間ほど常温におきます。（気温20℃以下の場合。気温20℃以上の場合は冷蔵庫に入れます。）

**3** 冷蔵庫で保存し、3日間で使い切ります。3日以上たつと水様化が進みすぎ、かえってよい泡立ちが得られない場合があります。

＊フードプロセッサーがない場合はホイッパーでよく混ぜてほぐします。

## 水様化の程度

**シフォンケーキに適した状態**
スプーンですくえ、かなりサラーッと流れおち、最後は少しトロンと糸をひきます。

**水様化しすぎた状態**
スプーンですくうと、ほぼ平らになり、サラーッと流れ、最後はとても細い弱いあまりとろみのない糸をひきます。

※ここまで水様化させてしまうと、気泡量は多くでますが、混ぜるにしたがって泡が消えやすい弱い泡立ちになってしまいます。

**まったく水様化してない状態**
卵を割り分けたあとの状態。

## 基本の泡立て方・混ぜ方

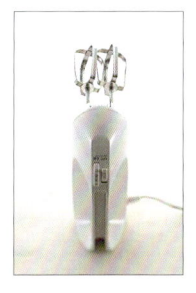

### ハンドミキサーで泡立てる

今でもハンドミキサーでの泡立てはよくないと考える人がかなりおられますが、これは完全な間違いです。ホイッパーではたとえ男性の腕力でも力が弱すぎて、けっしてよい泡立ちは得られません。まして腕力の乏しい女性ではなおのことです。スポンジ生地でも、このシフォンケーキでも、ホイッパーで泡立てたメレンゲより確実によい泡が得られます。ハンドミキサーの機能に合った泡立て法を考えなければなりません。本書では、速度が3段階のハンドミキサー（速度3番が最速）を使用しています。

### ハンドミキサーの正しい使い方

ハンドミキサーを使う場合は、深めで側面が底に対して垂直なボウルが最適です（写真上）。ボウルの側面とビーターの間にすき間ができず、効率よく泡立てられます。

ボウルの側面にビーターが軽くあたってカラカラとごく軽く音をたてるくらいに、ボウルの中でできるだけ大きな円を描くように回します。ボウルの中心部分だけで回しているとビーターの外側が泡立たないため、気泡量の少ない、弱くて不均一な泡立ちになります。また側面にガラガラと強くあてたり、底をゴロゴロこすりながら泡立てると、メレンゲはボロボロした混ざりにくく消えやすい泡になります。

メレンゲの泡立ては、中速の2番でまず卵白をほぐして、それから高速の3番に切り替え、泡立てていきます。はじめの2番の1分は軽く底にビーターを当てて泡立てますが、3番に切り替えてからは、ビーターが底に触れないほどに上げて泡立てます。

はじめの1分から完全にビーターが触れないようにすると卵白が十分にほぐれません。

### ビーター1本で泡立てる

卵白60g以下、全卵70g以下の場合は、ハンドミキサーにビーターを1本つけ、手つき中ボウルで泡立てます。本書では卵黄の泡立ての時に、ビーター1本で泡立てています。右ききの人はハンドミキサーの左側にビーターをつけて時計回りに回します（左ききの人は右側にビーターをつけ、時計回りと反対に回します）。
左右それぞれのビーターは外側方向に回転しているので、ハンドミキサー本体をビーターの回転と反対方向に回すことで、よりよく泡立ちます。同方向にミキサーを回すと、いつまでたってもやわらかくて気泡量の少ない状態のままです。

### ビーター2本で泡立てる

卵白60g以上、全卵70g以上の場合は、深大ボウルを使い、ビーター2本で泡立てます。この場合はハンドミキサーを回す方向はどちらでもかまいません。腕が疲れたら途中で方向を変えても大丈夫です。本書ではメレンゲの泡立ての時に、ビーター2本で泡立てています。

# 基本の泡立て方・混ぜ方

## ホイッパーで混ぜる

量の少ないものをほぐすときはホイッパーを使います。ホイッパーの動かし方を意識して変えることによって、全体をよく混ぜ合わせたり、泡を消さずに混ぜたりすることができます。何を混ぜるかによって、混ぜ方と速度を変えます。また混ぜる材料の分量によって、ホイッパーの大小を使い分けるとより効果的です。

### 【すくいあげ】で混ぜる

これはメレンゲやクリームなどの気泡を消さずに手早くまんべんなく混ぜる方法です。
●レシピ文中では【すくいあげ】と表記しています。

**1** ホイッパーをボウルの右端に入れます。

**2** ボウルの右側からまっすぐ中心を通って底をこすります。

**3** そのままホイッパーを左の方に動かします。同時に左手でボウルを手前に1/6ずつ回転させます。

**4** ボウルの側面を上までこすりあげるようにホイッパーを持ちあげます。この時、手首を返します。

**5** ボウルのふち近くまでサッと手首を返しながらホイッパーを生地から抜きます。こすりあげたら、1に戻り、繰り返します。

### 【円】で混ぜる

ココアと牛乳、湯せんしたチョコレートなど、全体をまんべんなくよく混ぜる方法です。
●レシピ文中では【円】と表記しています。

あまり力を入れずに、先端をボウルの底に軽くつけながら、大きく円を描いて混ぜます。基本は10秒に10回のペースで、ゆっくりの場合は10秒に6回のペースが目安です。

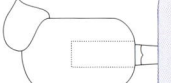

### ゴムべらの使い方

混ぜ方が上手でも、メレンゲや生地を他のボウルに移したり、型に流し込む時に、ゴムべらの使い方を間違えてしまうと、せっかく上手にできたメレンゲの泡が消えてしまうことになります。混ぜ方と同様に、ゴムべらの使い方も大切なポイントです。これは他のケーキづくりにも言えることなので、ぜひ覚えてください。

## エキュモワールで混ぜる

エキュモワールはフランス語で"泡すくい"という意味です。メレンゲを他の素材と混ぜ合わせる時に使います。

木べらやホイッパーではかたく泡立ったメレンゲを、泡を消さずに十分に混ぜることは難しいものです。なかなか混ざらず、また過度に混ぜ続ければメレンゲの泡は消えてしまいます。

このエキュモワールは混ぜると同時に、先についた部分と柄のところでメレンゲを切るという作用が入るので、ちょっとコツを覚えれば無理なくよい状態にメレンゲを混ぜることができます。

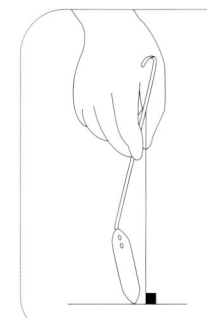

### 持ち方

エキュモワールはペンを持つように人差し指と親指と中指で持ち、ボウルの底に対して、刃の先と持っている部分を結んだ線が垂直になるようにします。

●レシピ文中では【エキュモワール】と表記しています。

**1** 先のとがった部分をボウルの奥側に入れます。

**2** ボウルの中心を通しながら、手前の側面までまっすぐに引きます。エキュモワールを手前に引きはじめると同時に、左手でボウルを手前に1/6回転させます。

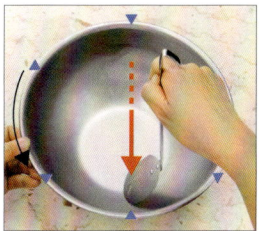

**3** 刃の先端でボウルの手前の側面をなぞりながら、半分くらいの高さまでこすりあげます。

＊刃面の向きは常に進行方向と平行でなければなりません。平行であれば刃がメレンゲを切り分けるだけで、メレンゲの泡は消えません。平行でないと先の部分がメレンゲをすくってしまい泡が消えてしまいます。

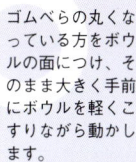

ゴムべらの丸くなっている方をボウルの面につけ、そのまま大きく手前にボウルを軽くこすりながら動かします。

ボウルの上から下に向かって、まっすぐに生地をすりつぶすように動かすと、メレンゲの泡が消えてしまいます

**4** ボウルの手前の側面に半分ほどこすりあげて刃を抜き、刃の裏面が上を向くように返します。刃を返さずにそのまま上に向かって持ちあげてしまうと、メレンゲをすくってしまって泡が消えてしまいます。

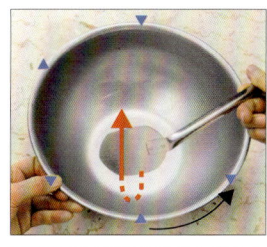

**5** 刃の裏面が完全に見えたら 1 に戻り、繰り返します。

*écumoire* 11

# 器具について

正確な計量と分量に合った器具を使うことで、誰もがおいしいお菓子をつくれるようになります。ここではシフォンケーキをつくる時に必要な基本的な器具を紹介します。

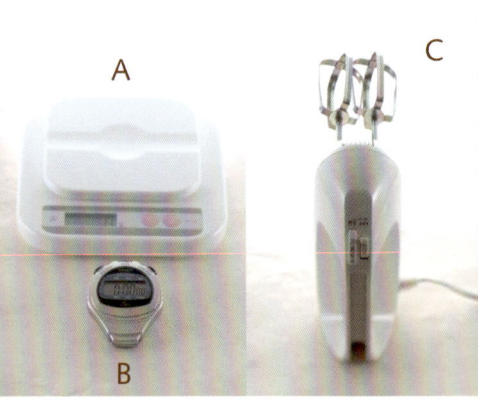
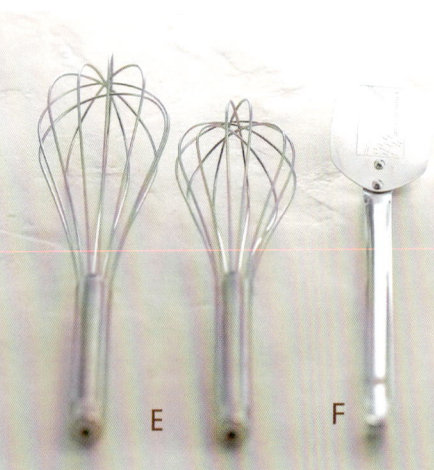

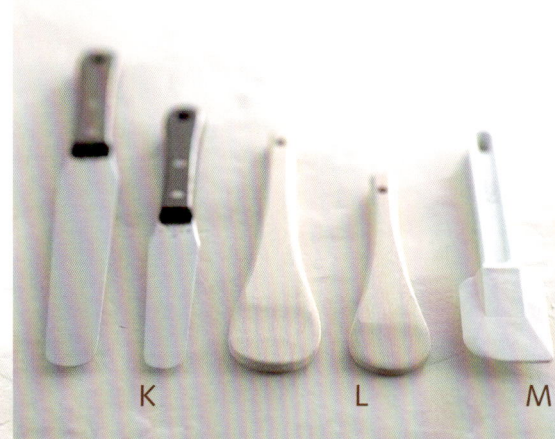

## デジタル秤　A

1g単位で1kgまで量れ、風袋機能がついているものを使います。凝固剤、塩、香料、酒などの計量には0.1g単位の秤が必要です。

## ストップウォッチ　B

泡立てや加熱時間を正確に計るのに使用します。本書では泡立て時間を記していますので、泡立て時間を計ることによって、あいまいでない最適な泡立ちが得られます。

## ハンドミキサー　C

低速・中速・高速の3段階に調節でき、ビーターが2本セットできるものを使います。ビーターは先の方が広がっている形のものが、よく泡立ちます。またビーターの先が細くなっているものはどうしても十分な泡立ちが得られず、弱い泡立ちになるので、残念ですが使えません。

## ステンレスボウル　D

直径12～30cmまで3cmごとにサイズがあります。混ぜ合わせる材料の量がボウルの容積の80%くらいになるよう、少量の材料を混ぜる時にはつくる量に合った小さめの器、そして器に合った小さな器具は基本中の基本です。少し小さめのボウルの方が楽に効率よく混ざります。混ぜ方がまだ上手でない場合は「少量に合った小さな器」が特に大事な点です。

## ホイッパー　E

柄が握りやすく、ワイヤーのしっかりしたものを選びます。大きいものは中～大ボウルに、小さいものは小ボウルに使います。シフォンケーキをつくる時はホイッパー（小）を使っています。サイズ：（大）長さ24cm、（小）長さ21cm。

## エキュモワール　F

メレンゲの泡を消さずに混ぜられる弓田亨オリジナル器具です（使い方→P11）。木べらのように物を混ぜるだけでなく先の刃と柄の部分でメレンゲを小さく切り分けるという機能があるために、かたく泡立ったメレンゲも消すことなく無理なくきれいに混ぜることができます。

※エキュモワールがどうしてもない場合は、エキュモワールの写真を参考に、柄と面に少し角度がついており、柄の部分が薄いブリキやステンレスで面が平らなものでとりあえず代用することもできます。

## 手つき鍋　G

果物のピューレを煮詰める時や、お湯をはってチョコレートを湯せんで溶かす時などに使います。サイズ：（中）直径12cm、（小）直径9cm。

## 深大ボウル　H

ハンドミキサーでの泡立てに使います。深めで、かつ側面が底に対して垂直に近いものが、ビーターとボウルの間にすき間ができず、効率よくビーターに卵白が当たるので強い泡立ちが得られます。サイズ：直径20cm×高さ10cm。

## 手つき中ボウル　I

比較的少ない量をハンドミキサーで泡立てる時に使います。本書では卵黄の泡立てに使っています。サイズ：直径14cm×高さ8cm。

## アルミシフォン型 (20cm・17cm)　J

シフォン型は中央の穴からも熱が入り、無理なく生地全体が均一に焼ける傾向があります。

※理由は後述（→P26）しますが、決して型に生地のつかないテフロン加工のものは使いません。

## パレットナイフ　K

シフォンケーキに生クリームなどを塗る時に使います。サイズ：（大）全長36cm、（小）全長28cm。

## 木べら　L

混ぜる時に使います。本書ではグラスを練る時などに使っています。サイズ：（大）長さ25cm、（小）長さ20cm。

## ゴムべら　M

ゴム部分がかため、やわらかめ、大、小サイズも揃っていると便利です。生地やクリームを無駄なく移す時に使います。私どもはゴムべらはクリームを払うものであり、原則として材料を混ぜるためには使いません。その形状からしてゴムべらでは決して良い状態に生地を混ぜ込むことはできません。

## ナイフ　N・O

型から取り出す時には、巾の細いナイフやスナックナイフ（O）がよいです。スナックナイフはこれ一つで、シフォン型からきれいに取り出せますし、シフォンケーキを切り分けるのにも使えて便利です。

## 回転台　P

デコレーションをする時、生地にクリームなどを塗る時に便利です。サイズ：直径24cm。

## イル・プルー流シフォン その基本の素材

イル・プルー・シュル・ラ・セーヌのお菓子の信条である豊かな「香り、食感、味」は、例えやわらかさが大事な味わいの要素であるシフォンケーキをつくる時でも、私達はとても大切にしています。素材の豊かな味わいに包まれた、優しく印象的な味わいにするためにはやはりよい素材が必要です。

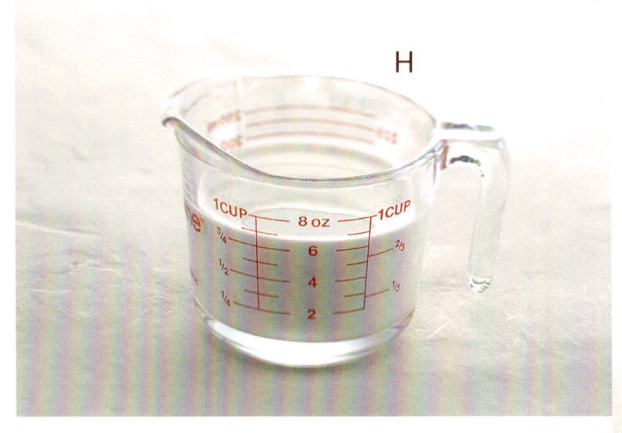

## 卵　　　　　　　　　　　　　　　　　A

シフォンケーキには卵を使います。卵白でメレンゲをつくり、生地をふくらませ、やわらかさ、豊かな味わいをもたらします。もちろん卵は味わいのしっかりした濃いものを使います。でも困ったことに日本では生でも加熱しても生臭さを強く感じるものが殆どです。本来卵はやさしい甘い香りがあるものです。この生臭さは鶏の飼料に加えられている、鰯を蒸して乾燥させ粉にした魚粉からでるものです。もしかなりこの生臭さを感じるようでしたら、別の生産者のものとかえてみて下さい。
本書では卵白・卵黄はg表記しています。重量の目安はMサイズで卵白約35g、卵黄15gです。

## グラニュー糖　　　　　　　　　　　　B

お菓子づくりには通常、市販のグラニュー糖の粒よりも小さいもの（私どもでは［シュクレーヌ］という品名で販売しています）を使った方がよいでしょう。粒がより早く溶け、メレンゲの泡が強くなります。でもこれが手に入らなければ決して駄目というほどのものではありませんが、泡立てに慣れていない場合はやはり必要です。

## 鳥越製粉のフランス（中力粉）　　　　C

もちろんシフォンケーキの味わいの特徴はやさしくやわらかい歯触りにあります。でも歯触りに何の印象もない、ふにゃふにゃなだけの、だらしのないやわらかさはおいしさではありません。ほんの少し、しっかりした瞬間的な歯触りがあって、次により個性的なやわらかさがくれば、そのやわらかさは印象的になります。つまりやわらかさに芯と味わいを与えるために、より豊かな味わいをもった鳥越製粉の［フランス］（中力粉）を使います。
レシピ文中では「フランス粉」と表記しています。

## ピーナッツオイル　　　　　　　　　　D

普通シフォンケーキにはコーンオイルなどのサラダオイルを加えます。サラダオイルは卵白の持つしなやかな歯触りをさらにやさしく綿のようなふんわりした歯触りにしてくれ、さらにやわらかさを印象的なものにしてくれるからです。しかし日本で精製されたサラダオイルは過度に精製されて味わいが薄く、おいしくありません。そこで同じくやさしい歯触りを与えてくれ、しかも味わい豊かなイギリス産のピーナッツオイルを使います。

## バニラエッセンス　　　　　　　　　　E

これはフランス菓子をつくる時も同じことが言えるのですが、日本でお菓子をつくる場合は特にバニラの香りは重要です。日本の卵、牛乳などの味わいはやはりどうしても希薄です。でも香りが深くて豊かなバニラエッセンスを加えると、全体の味わいが飛躍的に向上します。良質のバニラは欠かせません。バニラ・ビーンズから抽出した本当のバニラエッセンスを使います。よく目にする透明の薄い香りのものは使っても何の効果も得られません。かえってお菓子の味を損ねることになります。マダガスカル産のブルボンバニラがお菓子に向いた自然な甘い香りをもっています。タヒチ産のものはお菓子づくりには不向きな薬くささがあります。

## ミルクパウダー　　　　　　　　　　　F

ハチミツと同様に生地全体に豊かな味わいを与えるために加えます。国産のスキムミルクではほとんど十分な豊かな味わいは得られません。滋味深い味わいをもったオランダ産の全脂粉乳を加えて、あたたかい味わいをつくりあげます。

## ベーキングパウダー　　　　　　　　　G

ベーキングパウダーを加えて生地を加熱すると、あたたまるにしたがって二酸化炭素が発生します。これによって生地が膨張し、繊維がより細かく枝分かれして生地にやわらかさがでてきます。またベーキングパウダーを加えておくと、万が一メレンゲの泡が消えてメレンゲによるふくらみがよくない場合でも、炭酸ガスによるふくらみが生地にやわらかさをもたらします。
本書では初心者の方でも失敗しないよう、少量加えてあります。混ぜ方を完全にマスターすれば入れなくてもできます。ただし塩味2種類とチョコレート、ごまは、メレンゲの泡が消えやすいので、慣れた人でも少量入れた方がよいでしょう。

## 牛乳　　　　　　　　　　　　　　　　H

牛乳を入れることにより、生地にやわらかさがでます。なかには牛乳のかわりに水を加えてつくるものがありますが、これはやめましょう。水ではどうしてもお菓子全体の味わいが希薄なものになってしまいます。できるなら、低温殺菌の味わいの濃いものが、ケーキのおいしさをしっかりと高めてくれます。

## ハチミツ　　　　　　　　　　　　　　I

プレーンのシフォンケーキでは味わいの中心になるのは卵の中の卵黄の味わいです。しかし味わいの希薄な日本の卵黄だけでは深い味わいが得られません。フランス・スペイン産のハチミツは、とても豊かなおいしさをもっています。これを加えることによって卵黄の味わいをさらに豊かなものにして、同時に生地全体の味わいをさらに深めます。日本のハチミツでは味わいが弱く、それほどの効果は得られません。

# プレーンシフォンケーキ
plain chiffon cake

## イル・プルー流シフォンケーキの手順

イル・プルーのシフォンケーキは、大きく3つの工程に分けられます。

**A** 卵黄の泡立て
卵黄＋ハチミツ＋
ピーナッツオイル＋
ミルクパウダー＋
牛乳＋バニラエッセンス

**B** 卵白の泡立て（メレンゲ）
卵白＋
グラニュー糖a＋
グラニュー糖b

**C** 粉類
フランス粉＋
ベーキングパウダー

**A**の材料を順番に加えてハンドミキサーで泡立てていき、**B**のメレンゲと合わせ、エキュモワールで**C**の粉類を加えていくのが、イル・プルー流シフォンの特徴です。まずは一番基本となるプレーンシフォンケーキで、つくり方の手順とコツをマスターしましょう。

## つくる前に必ずやっておくこと

**1** 材料は必ず前もって計量しておきます。バリエーションのシフォンケーキでは、チョコレートを溶かしておいたり、ドライフルーツをお酒に漬け込んだりしておきます。

**2** メレンゲに使う卵白は、必ず水様化（→P.8参照）させたものを使います。使う前は、深大ボウルに入れてボウルごと冷蔵庫で10℃に冷やしておきます。

**3** フランス粉とベーキングパウダーは前もって合わせて1回ふるっておきます。粉類は1回だけふるいます。ある程度粉の混ざりがよくなればそれで十分です。ココアパウダーが入るときでも1度しかふるってはいけません。何度もふるうとココアが粉に深く混ざりすぎココアの味が埋もれてしまいます。シナモンパウダーが入る場合も、一緒にふるっておきます。そのほかの香辛料（ナツメグ等粗けずりのもの）については、粉をふるったあとに加えて合わせておきます。

**4** ガスオーブンは設定温度と同じ温度で5分、電子レンジオーブンは設定温度より20℃高くして20分ほど予熱しておきます。家庭用の特に電子レンジオーブンはドアのガラスがチクチク熱くなるほどに十分熱しておかないとよい状態に焼きあがりません。

## 材料

| | 20cm | 17cm | |
|---|---|---|---|
| **A** 卵黄の泡立て | 100g | 60g | 卵黄 |
| | 50g | 30g | ハチミツ |
| | 65g | 40g | ピーナッツオイル |
| | 10g | 6g | ミルクパウダー(乳脂肪分26%) |
| | 70g | 42g | 牛乳 |
| | 0.8g (10滴) | 0.5g (7滴) | バニラエッセンス |
| **B** 卵白の泡立て | 180g | 110g | 卵白 |
| | 45g | 27g | グラニュー糖 a |
| | 40g | 24g | グラニュー糖 b |
| **C** 粉 | 120g | 72g | フランス粉 |
| | 2.4g | 1.4g | ベーキングパウダー |

## 焼き時間

**20cm型**
- ガスオーブン：170℃で約20分 → 160℃で約17分
- 電子レンジオーブン：予熱200℃/180℃で約20分 → 170℃で約20分

**17cm型**
- ガスオーブン：170℃で約20分 → 160℃で約8分
- 電子レンジオーブン：予熱200℃/180℃で約20分 → 170℃で約10分

# Step-1

**A** 卵黄とその他の素材を泡立てます。

### Variation Point 1
ハチミツのかわりにグラニュー糖やキャソナード（赤砂糖）を加える場合もここで加えます。

**1** ハンドミキサーにビーターを1本つけます。手つき中ボウルに卵黄を入れ、軽くほぐしたところにハチミツを入れます。

**2** すぐにハンドミキサー速度3番で1分30秒泡立てます。

＊この泡立て具合はそれほど厳密でなくても大丈夫です。状態は白くふっくらとした、リボン状です。ハンドミキサーの使い方に慣れている人は1分ほどの泡立てでも十分です。

＊グラニュー糖、ハチミツなどを卵黄に入れ、そのままにしておくと卵黄が水分を奪われ塊ができてしまうので、すぐに泡立てはじめます。

### Variation Point 2
オイル系のものを加える場合はここで加えます。
● ごま油、オリーブオイル等

**3** ピーナッツオイルを4回に分けて加えます。1回加えるごとに速度3番で30秒混ぜます。

＊ここでしっかりオイルを混ぜておかないと、あとで水分が入った時に分離することもあるので、分量の少ない17cm型の時も4回に分けて加えます。

**4** オイルがきちんと混ざった状態です。

＊あとで牛乳を加えた時に、オイルと水分が分離しないよう、ここではまず、オイルがきちんと混ざっていることを確かめながら加えます。オイルが加わると卵黄は少しかたくしまります。

### Variation Point 3
水分を加える場合はここで加えます。
● ジュース、ピューレ等

**5** ミルクパウダーを加え、速度1番で10秒混ぜます。

＊ミルクパウダーは高速で混ぜると飛び散るため、一番低速の1番で泡立てます。

**6** 牛乳を3回に分けて加えます。1回加えるごとに速度1番で20秒混ぜます。

＊牛乳を3回に分けて加えるのは、**3**と同じく、分離しないように混ぜるためです。
＊17cm型の分量の時は、牛乳は2回に分けて加えれば十分です。

**7** 牛乳を入れて混ぜ終わった状態です。かなり水っぽくサラサラになります。

### Variation Point 4
香料を加える場合はここで加えます。
● リキュール、エッセンス類等

**8** バニラエッセンスを加えます。

＊香りのものは、混ぜ終わりの最後に加えます（加えたあとはあまり混ぜません）。混ぜすぎると、香りが卵黄に包み込まれ、かくれてしまいます。

plain chiffon cake

# Step-2

**B** 卵白を泡立てて、メレンゲをつくります。

**9** 卵白を泡立てます。深大ボウルごと冷蔵庫に入れて10℃に冷やしておいた水様化卵白（→P.8参照）に、グラニュー糖aを加え、ハンドミキサーにビーターを2本つけ、速度2番で1分、速度3番で2分泡立てます。

**10** グラニュー糖bを加えてさらに速度3番で1分泡立てます。

**11** メレンゲのできあがりです。

## メレンゲを上手に泡立てるには

**1 卵白の泡立ては必ずハンドミキサーで**

卵白の泡立ては、最初にハンドミキサー中速の2番で泡立てはじめ、よく卵白をほぐしてから高速の3番でさらに泡立てることで、気泡量が多く、強くて消えにくい、混ざりやすいメレンゲができあがります。最初から速度3番で泡立てると、はじめに泡立ったところがさらに泡立ち、泡立たないところはそのまま、気泡量の少ないポロポロした消えやすいメレンゲになってしまいます。
（本書では、速度が3段階のハンドミキサーを使っています）

**2 グラニュー糖を分けて加える理由**

グラニュー糖を分けて加えるのは、強くて気泡量の多いメレンゲをつくるためです。一度に全部のグラニュー糖を加えると卵白の粘りが強くなりすぎ、気泡量が50～60％ほどに少なくなります。2回目のグラニュー糖を加えることによって強いメレンゲにします。砂糖は甘さだけでなく、その粘りで泡を強くする力があります。砂糖が多くなるほど泡は強くなりますが、そのかわり気泡量は少なくなります。

**3 メレンゲの泡立ての目安は**

メレンゲは泡立てすぎても焼いた時に生地に穴ができるなど失敗の原因になります。このメレンゲの泡立て時間はあくまで私どもが使っている速度が3段階までのハンドミキサーによるものですので、よく写真を見て、しっかりしたメレンゲをつくってください。

**4 17cm型でつくる場合は**

17cmの型でつくる場合の卵白の泡立て時間は、1回目のグラニュー糖を加え、ハンドミキサーの速度2番で1分、速度3番に切り替えて1分30秒、2回目のグラニュー糖を加えて1分泡立てます。

# Step-3

A に B のメレンゲを加えます。

**12** ゴムべらでメレンゲの1/6量をすくい取り、A に加えます。

**13** 12をホイッパー（小）で【すくいあげ】（→P.10参照）で混ぜていきます。
＊普通に円を描くように混ぜてしまうと、卵黄の入っている重たい A は下に沈み、軽いメレンゲが上に浮いたままで、うまく混ぜることができません。こういう場合は上下がよく混ざる【すくいあげ】が適しています。

**14** 混ぜおわりの状態です。

**15** 残り5/6量のメレンゲを、24cmボウルに移し替えます。
＊上手になると、そのまま深大ボウルで混ぜていくこともできますが、生地が多くなってくると、器が小さすぎ混ぜにくいため、混ぜやすくするために24cmボウルに移します。
＊17cm型の場合は深大ボウルでそのまま混ぜても大丈夫です。

**16** 15に14を一度に加えます。

plain chiffon cake 21

# Step-4

エキュモワールで混ぜ、C の粉を加えて型に流します。

### Variation Point 5
粉を加える場合はここで加えます。
● シナモンパウダー等

**17** 【エキュモワール】(→P.11参照)で混ぜます。
＊ここでは、A とメレンゲをよく混ぜると同時に、焼きあがりがソフトになるように、メレンゲが消えないように混ぜなければなりません。そこでイル・ブルーのオリジナル器具・エキュモワールを使って混ぜていきます。

**19** 18に粉を5〜6回に分けて加え、【エキュモワール】で10秒に10回くらいの速さで混ぜます。
＊慣れてきたら、最初は10秒に14回（2秒に3回）くらいの速さで混ぜ、粉が加わり生地がかたくなってきたら10秒に10回（1秒に1回）の速さで混ぜるようにします。

**20** 80％ほど混ざり、少し粉が残っているうちに、次の粉を加え混ぜます。
＊ソフトに焼きあげるためには目に見えない部分でメレンゲとその他のものとをよく混ぜなければなりません。そのために、はじめは手早く混ぜ、粉が加わって生地がかたくなるにしたがって混ぜる速度を落とします。かたくなってからも手早く混ぜてしまうと、メレンゲの泡が消えてしまいます。

**18** 80％ほど混ざった状態です。

★エキュモワールの代わりにハンドミキサーのビーターを使う方法

エキュモワールがない場合は、ハンドミキサーのビーターを使って混ぜることも出来ます。

**工程17** ビーターで均一になるまで円を描いて混ぜる。（→P10【円】の混ぜ方参照）
＊とにかくゆっくり、2秒間に1回円を描くように。

**工程19** 粉類をスプーンで全体に散らすように5〜6回に分けて加え、ビーターで【すくいあげ】で混ぜる。大体混ざったら【円】で混ぜる。粉が混ざりきらないうちに次の粉を加え、同様に混ぜる。
＊混ぜすぎて気泡をつぶさないように。

**工程21** 粉を全量加えてほぼ混ざったら再度別の直径24cmボウルに移し替える。2秒間に1回の速度で【円】で10回混ぜる。
＊ビーターで混ぜる場合は、どんなに丁寧に混ぜても生地の上下では混ざり具合に差が出るため、生地を均一に混ぜるために再度別のボウルに移し替えます。

22 plain chiffon cake

## Variation Point 6

ナッツやその他のものを加える場合はここで加えます。
● ナッツ類、カットしたフルーツ、チョコレート等

**21** 粉がほぼ見えなくなったら、ボウルの内側をゴムべらで払います。

**22** 最後にさらに30〜35回ほど、生地の様子を見ながらゆっくり混ぜます。混ざり具合の目安は、少し生地に艶がでて、手にそれほど重さを感じない程度です。生地の状態はふっくらとしていて、流れだしません。

**23** シフォン型には何も塗らずに、そのまま生地をゴムべらで丁寧に静かに入れます。
＊ゴムべらで手荒く生地を移すと、それだけでメレンゲの泡は消えてしまいます。
＊型にオイルを塗らないのは、焼き縮んで生地が型からはずれないようにするためです。シフォンケーキは通常とても粉が少なくなっています。卵の量に対して粉が少ない生地はオーブンから出して冷めるにしたがって、特に焼き縮みが激しくなります。型に入れたまま冷ますと焼き縮みは抑えられます。

**24** 流し込んだ生地の分量は型の60％ほど、フチから3〜4cmの高さになっていれば大丈夫です。
＊生地を型に移してからけっして**空気抜きと称して型をトントンしてはいけません**。このように粘りのある生地から気泡があがってくるはずもありません。泡がのぼってくるようにみえるのは、実は衝撃で泡が消えているのです。

plain chiffon cake **23**

# Step-5  焼きあがったら、冷まして型からはずします。

**25** オーブンで焼きます。10分でほぼフチの高さまで生地がふくらみ、20分でフチより3cmほど高くなります。30分で焼き色は濃い目のキツネ色となり、35分で**生地の割れ目にすべて焼き色がつきます**。
＊バリエーションで中に具が入っているものは、ふくらんでくるまでにこれよりも5分くらい長くかかります。

**26** 焼きあがったら型ごと逆さまにして平らな台の上において冷まします。完全に冷めるまで1時間ほどかかります。
＊焼きあがってから逆さまにしておくのは、生地の表面が下に沈まないようにするためです。上に向けておくと生地の粉が少ないので、表面が焼き縮みしてへこんできます。下に向けておくことによって、引力で生地の表面を下に引っ張ります。生地が冷めてしまえば、例え粉が少ない生地でもかたさがでてきて変形はしません。

 ## オーブンについて

家庭用のオーブンには、ガスオーブンと電子レンジオーブンがあります。本書では、シフォンケーキをガスオーブンで焼く場合は、予熱は焼く温度と同じ温度で5分、電子レンジオーブンの場合は焼く温度より20℃高くして20分予熱しておきます。

### ガスオーブン
手前と奥の強度が異なるためムラ焼けになりやすく、手前の方だけ焼き色が濃くなる場合があります。そのため20分経ったら手前と奥を入れ換えて焼きあがりが均一になるようにします。

### 電子レンジオーブン
天板が回転しているため、熱の入り方にムラが少なく、全体が均一に焼けますが、ガスオーブンに比べて熱量が弱いので、時間をかけてゆっくり焼くお菓子に向いています。

オーブンは、機種や大きさだけでなく、同じメーカーの同じ機種でも10〜20℃の温度の違いがありますので、自分のオーブンに適した時間、温度を見つけることが大切です。本書の焼き時間はあくまで目安です。時間通りに焼いても不十分な場合は、次のようにして調整します。

#### 「40分焼く」と書いてある場合

■温度設定が高い場合
- 15分 濃い目の焼き色がついてしまった → 次回は20℃下げてみる
- 20分 写真と同じ焼き色がついてしまった → 次回は10℃下げてみる
- 40分 写真とほぼ同じ焼き色がついた → OK

■温度設定が低い場合
- 15分 まだ焼き色がつかない → 次回は10℃上げてみる
- 20分 やっと薄い焼き色がついた。まだ低い設定温度です → 次回は20℃上げてみる
- 40分 写真とほぼ同じ焼き色がついた → OK

このように設定温度をかえて2、3度焼いてみれば、自分のオーブンに合ったちょうどよい温度設定が得られます。

**27** 小さいナイフを生地と型の間に差し込み、刃先を型の外側に押しつけるようにしてナイフを一周させます。
＊ナイフの刃は、小刻みに上下に動かすと、上手にはずせます。

**28** 次に中心の円筒部分をはずします。刃先を円筒部分にしっかり押しつけるようにして、ナイフを一周させます。

**29** 円筒部分を持ちあげて型からはずします。

**30** 底板と生地の間にもナイフを差し込み、一周させます。

**31** 逆さまにして右手で底板からケーキをはずします。

## できあがりです

プレーンシフォンケーキをマスターしたら、バリエーションシフォンケーキに挑戦してみましょう。バリエーションシフォンケーキでは、ポイントとなる部分を写真で解説しています。基本的なつくり方の手順はプレーンシフォンケーキを参考にしてください。

# シフォンケーキ Q&A

## 器　具

**Q** シフォンケーキ型はアルミのものがいいと聞きますが、フッ素加工やテフロン加工のものは使えませんか？

**A** テフロン加工の型での焼き上がりをみると、生地を流し込んだ高さの部分は型にはりつきますが、ふくらんだ上の部分は逆さまにして冷ましているうちに型からはがれ、縮んでしまいます。型についている部分もスルッと簡単に型からはがれる訳でもありません。またナイフを使うとテフロン加工の部分を傷つけてしまうので、型からはずす時は竹串か幅の細いパレットナイフ等を使い、型を傷つけないように、より慎重にしなければなりません。これから型を購入するのであれば、普通のアルミのものが一番使い勝手がよく、これをお勧めします。

焼きあがり

逆さまにして完全に冷めた状態

**Q** シフォンケーキ型の大きさを選ぶ基準を教えてください。

**A** シフォンケーキがふくらんだ時に上部にくっついてしまうと、焦げる原因になりますので、オーブン庫内の大きさによって使える型を選びましょう。シフォンケーキ型の円筒部分が、オーブン庫内の天井から3〜4cm以上空いているとよいです。

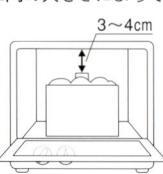
3〜4cm

**Q** メレンゲは絶対ハンドミキサーで泡立てないとだめですか？

**A** ハンドミキサーの方が初心者でも間違いなくよい泡ができます。手づくりなのだからホイッパーを使って手で泡立てる方がおいしい、というのは迷信です。実は男性の力でもホイッパーでは力が弱すぎてけっしてよい泡立ちは得られないのです。ぜひ短時間でよい泡が得られるハンドミキサーを上手に使いましょう。

## 素　材

**Q** 卵白は必ず水様化させないといけませんか？

**A** 水様化させた方が、メレンゲの泡立ちが格段に違います。特に、ココアやチョコレートなどカカオバター（油脂）が入っていると、泡が消えやすくなるので、水様化した卵白で泡立てた場合と、水様化していない卵白で泡立てた場合の差がよく分かるでしょう。
水様化していない卵白はポロポロした混ざりの悪い、消えやすい泡になり、できあがった生地の量は少なくなってしまいます。

**Q** どのくらい水様化させたものを使うのでしょう。

**A** あまりサラサラになりすぎない、ちょっとトロンとした感じが残る程度の水様化した卵白を使います。
多少古くても匂いがなければ大丈夫です。ただし、卵黄が混じってしまったり、水様化卵白を入れた容器に水がついていたり、卵白をかき混ぜるスプーンに水分がついていたりすると菌がつきやすく、卵白が傷む原因になるので、取り扱いには注意しましょう。この水様化卵白を使うことが、本書のシフォンケーキのおいしさの重要なポイントになりますので、ぜひ、一度ご自身でつくり比べ、味の違いを確かめてみてください。

水様化卵白
ちょっとトロンとした感じが残る

**Q** バリエーションのシフォンケーキをつくるのに適した果物や素材はありますか？

**A** 果物などを加える場合、なんとなく新鮮な生のものを使う方がおいしいイメージがありますが、生の果物は焼いている間

に水分がでるので適していません。本書ではおいしいドライフルーツを多く使っています。これらはリキュールなどに漬けると風味が増します。またナッツなどのかたいものはそのままの大きさでやわらかいシフォンケーキに入れると唐突な印象を与えるので、加えるナッツの種類、かたさや味わいによって刻み方に工夫が必要になります。

ベーキングパウダーを使わない方がおいしいと聞いたことがあります。このレシピでベーキングパウダーを使わなくてもつくれますか？

A 本書で使っているベーキングパウダーは少量（プレーン20cm型で2.4g。これは小さじ1/2ほどです）しか使っていません。そのため味への影響は舌に感じるほどのものはまったくありません。混ぜ方が上手になれば、本書のレシピからベーキングパウダーをのぞいてつくることもできます。しかし、よい泡立て、スムーズな混ぜ方ができるようになるまでは、ベーキングパウダーを加えた方が無難に十分にふくらませることができます。

鳥越製粉のフランスが手に入らない場合はどうしたらよいですか？
薄力粉ではだめなのでしょうか？

A もちろん、中力粉でもよいですし、薄力粉を使ってもつくれます。鳥越製粉のフランスでなければだめな訳ではありません。「ふくらみ」だけを考えると、やわらかくのびやすい薄力粉のグルテンはふくらみやすいのですが、フランスは豊かな味わいがあり

ます。さらにグルテンの質が強いために、中に加える具が下に沈みにくいという利点があります。このような理由で、フランスを使った方が断然おいしくできあがります。

初心者がつくりやすい（もしくは失敗しにくい）シフォンはありますか？

A プレーンやオレンジ、シナモンといった、具が入っていないものの方が比較的つくりやすいです。上手く混ぜられるようになってきたら具の入ったものにチャレンジするとよいでしょう。またチョコレートやマーブルは、メレンゲの泡がカカオの油脂の影響をうけて消えやすいため、エキュモワールでの混ぜ方が上手でないうちは、できあがった生地の量が少なくなりがちですが、何度もつくり続けることが大切です。

## 焼き方

混ぜ終わって型に入れた時に量が少ないのですが？

A 型に流し込んだ時の分量は、型の60％を目安にしてください。シフォンケーキは卵白の水様化、気泡、そして混ぜ方が重要です。特にエキュモワールの使い方が悪く、長く混ぜすぎてしまうと、メレンゲの泡はどんどん消えていってしまうのです。この場合、目が詰まって、ふっくらしたシフォンケーキにはなりません（➡ P.7-**3**参照）。シフォンケーキによっても多少違うので、それぞれの写真を参考にして下さい。

型に生地を流し込んだあとに空気抜きをしなくてもよいのですか？

A 逆に、型に流し込んだあとにトントンと型をたたいてしまうと、衝撃でメレンゲの泡が消えてしまいます。この「空気抜き」は、乳化起泡剤でとてもやわらかいスポンジ生地をつくっていたころの名残です。型の中の生地を平らにならさずに、たたくことによって手っ取り早く平らにしていたのです。普通のスポンジ生地やビスキュイの生地、シフォンケーキの生地などでは決してしてはいけません。

ケーキに大きな穴があいてしまったのですが、なぜでしょう？

A 一般的には粉を合わせた時の混ぜ方が足りないと、メレンゲの粒が残っていて、焼いたあとに大きな穴になることがあります。またメレンゲを泡立てすぎても、粒が残りやすく大きな穴ができやすくなります。また、混ぜすぎた場合も泡が消えると混ざっていたオイルが部分的に分離してしまいます。それが底に落ちて生地が型からはずれ、底に水蒸気がたまって部分的に生地が盛りあがり、下の写真のようになります。

# シフォンケーキ Q&A

**Q** ケーキを焼いていると上が焦げてしまいます。

**A** 庫内が狭いので、ふくらんだシフォンケーキが上部の熱源に近くなりすぎるためです。20分ほど焼き、60〜70％焼けたところでアルミホイルをかぶせましょう。ただし、あまり早く扉をあけてしまうとケーキがしぼんでしまいます。

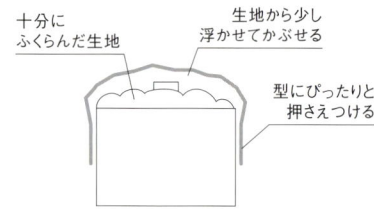

十分にふくらんだ生地／生地から少し浮かせてかぶせる／型にぴったりと押さえつける

**Q** 焼いている時はふくらむのですが、オーブンからだして冷めていくうちに縮んでしまいます。

**A** よく考えられるのは、粉の混ぜ方が足りない場合です。粉は混ぜるとグルテンがでてきます。このグルテンはケーキがふくらんだ時に支える柱のようなものです。混ぜ方が足りずに必要なグルテンの量がないと、ふくらんだ生地が支えられず冷めるにしたがって縮んでしまうのです。ただし混ぜすぎてグルテンが多くですぎてもおいしくないので注意しましょう。
また焼き時間が足りない場合も、型から盛りあがってふくらんだ部分が目の詰まった状態になることがあります。オーブンの焼き時間は本書の時間と写真の焼き色をよく見て、2つが丁度合うようにします。

**Q** レシピに書かれている温度では、焼きあがりに時間がかかってしまいます。

**A** オーブンの温度が弱いためです。ガスオーブンの場合はこのようなことはまずないのですが、電子レンジオーブンの場合は機種によって違いがあります。焼き時間はレシピに書いてある時間とほぼ同じ時間で焼けるよう、温度を調整してください（→P.24「オーブンについて」も参照してください）。長く焼いてしまうと、焼きあがりの生地の水分がなくなり、パサついたものになってしまいます。

## 召し上がり方

**Q** シフォンケーキをつぶさずにカットするコツはありますか？

**A** 波刃ナイフなど、刃がギザギザしているものを使い、前後にゆっくり動かしながら切ります。押しつけるように切ってしまうと、せっかくのやわらかいシフォンケーキがつぶれてしまいます。

**Q** デコレーションしたシフォンをきれいにカットするコツはありますか？

**A** 1回切るごとに、ぬれぶきんでナイフについているクリームをふき取りながら切っていきます。

**Q** 型からだしたらつぶれてしまったのはなぜですか？

**A** まだ完全に冷めてないうちに型から取りだしてしまうと、縮んでしまいます。完全に冷めるには1時間ほどかかります。冬でしたら、ちょっと寒い屋外にだしておくと、少し早く冷ますことができます。

**Q** 賞味期限はどのくらいですか？

**A** イメージ的には「焼き菓子」のように見えますが、シフォンケーキは粉の分量に対して、卵や水分（牛乳やピューレ、ジュースなど）が多いので、3〜4日で食べきるようにしてください。プレゼントをする場合も、その旨を一言添えておくとよいでしょう。

**Q** 冷凍保存はできますか？

**A** 冷凍すると必ず味わいは落ちます。しかし3〜4日以上長く保存する場合は冷凍した方が味わいの劣化は少なくなります。焼きあがってよく冷ましたものを、乾燥したり霜がついたりしないようにビニール袋などに包んで冷凍します。その場合でも1週間ぐらいが限度です。冷凍が長くなるとやはり味わいは少しずつ落ちてきます。

# フルーツの漬け込みについて

イル・プルーでは、ドライフルーツなどはリキュールなどに漬け込み、フルーツの風味をさらに高め、より深い味わいを引きだすようにしています。
特にやわらかいシフォンケーキには、ドライフルーツなどはそのままではかたすぎて合わない素材があります。
ちょっとしたことですが、これがおいしいシフォンケーキづくりにとても大切なのです。
前日に漬け込みの準備をすることは、慣れてしまえばそれほど大変な作業ではありません。
2日以上漬け込むとリキュールなどの風味を損う場合があります。

## レモンピール

**1** 5mm角に切ったレモンピールに、レモン汁とホワイトラムを加えます。

**2** 8時間以上漬け込みます。漬け込みはじめの2時間ぐらいはときどき混ぜ、レモン汁とホワイトラムを全体にいきわたらせます。

## ドライアプリコット

**1** 5mm角に切ったドライアプリコットに、キルシュとアプリコットリキュールを加えます。

**2** 8時間以上漬け込みます。漬け込みはじめの2時間ぐらいはときどき混ぜ、リキュールを全体にいきわたらせます。

## ドライマンゴー

**1** ボウルにグラニュー糖と水を合わせておきます。

**2** 3mm角に切ったドライマンゴーに**1**を加えます。

**3** 8時間以上漬け込みます。漬け込みはじめの2時間ぐらいはときどき混ぜ、グラニュー糖と水を全体にいきわたらせます。

## ブルーベリー

**1** 手つき鍋にブルーベリーシロップ煮（缶詰）の汁を入れ、弱火で半量に煮詰めます。

**2** ボウルに移して冷まし、レモン汁を加えます。

**3** **2**にブルーベリーシロップ煮（缶詰）の実を8時間以上漬け込みます。

＊缶詰の汁はそのままでは水っぽいので半量に煮詰め、酸味が足りないのを補うためにレモン汁を加えて酸味をはっきりさせてあります。

# 季節のフルーツシフォンケーキ

さわやかな香りと酸味のバランスがよいラズベリー、レモン、杏、ブルーベリー、やさしくあたたかい甘さのあるバナナ、トロピカルな風味のパッションフルーツとマンゴー。果物の味わいがしっかりといきる、ヨーロッパ産のドライフルーツや缶詰、ピューレを使っているので、いつでもおいしいフルーツシフォンケーキがつくれます。

# ラズベリー
raspberry chiffon cake

# ラズベリー
raspberry chiffon cake

生のラズベリーはなかなかよいものを見つけるのはむずかしいです。ここでは1年中ほぼ一定した味で、いつでも使えるフランス産冷凍のラズベリーを使います。生地には繊維を含まない果汁とホールの実を加えます。

※ラズベリーの実は最後に全部加えるとなかなか均一に分散しないため、Aでバニラエッセンスを加えたあとに半量を加えておきます。

### 材料

| | 20cm | 17cm | |
|---|---|---|---|
| A | 90g | 54g | 卵黄 |
| | 50g | 30g | グラニュー糖a |
| | 57g | 34g | ピーナッツオイル |
| | 9g | 6g | ミルクパウダー(乳脂肪分26%) |
| | 35g | 20g | ラズベリーの果汁★ |
| | 30g | 18g | ラズベリーのリキュールa |
| | 0.8g (10滴) | 0.5g (7滴) | バニラエッセンス |
| | 45g | 27g | 冷凍ホールのラズベリーa |
| B | 190g | 115g | 卵白 |
| | 50g | 30g | グラニュー糖b |
| | 45g | 27g | グラニュー糖c |
| C | 115g | 70g | フランス粉 |
| | 2.2g | 1.3g | ベーキングパウダー |
| | 45g | 27g | 冷凍ホールのラズベリーb |

★ラズベリーの果汁は、冷凍ホールのラズベリーを解凍した時にこし器の下におちた繊維分を含まないジュースです。

仕上げ用
ラズベリーソース（→P.82参照）

| 20cm | 17cm | |
|---|---|---|
| 15g | 10g | 水 |
| 4g | 2g | コーンスターチ |
| 100g | 60g | 冷凍ホールのラズベリーc★ |
| 50g | 30g | グラニュー糖d |
| 10g | 6g | ラズベリーのリキュールb |

生クリーム

| 20cm | 17cm | |
|---|---|---|
| 200g | 120g | 生クリーム（乳脂肪分42%） |

### 焼き時間

**20cm型**
- ガスオーブン：170℃で約25分 → 160℃で約15分
- 電子レンジオーブン：予熱200℃/180℃で約25分 → 170℃で約17分

**17cm型**
- ガスオーブン：170℃で約20分 → 160℃で約10分
- 電子レンジオーブン：予熱200℃/180℃で約20分 → 170℃で約12分

## つくり方

**下準備** 1　冷凍ホールのラズベリーa・bは、一緒にして手で小さく裂き、こし器の上にのせておきます。実と果汁に分けたあと、実はまた半量ずつに分けておきます。

**A** 2　手つき中ボウルに卵黄、グラニュー糖aを入れ、ハンドミキサーにビーターを1本つけ、速度3番で1分30秒泡立てます。

3　ピーナッツオイルを4回に分けて加えます。1回加えるごとに速度3番で30秒混ぜます。

4　ミルクパウダーを加え、速度1番で10秒混ぜます。

5　1の冷凍ホールのラズベリーa・bを解凍した時にでた果汁を加え、速度1番で20秒混ぜます。

6　ラズベリーのリキュールa、バニラエッセンスを加えます。

7　1で小さく裂いた冷凍ホールのラズベリーaを加えておきます。

**B** 8　メレンゲをつくります。深大ボウルごと冷蔵庫に入れて10℃に冷やしておいた卵白に、グラニュー糖bを加え、ハンドミキサーにビーターを2本つけ、速度2番で1分、速度3番で2分、グラニュー糖cを加えてさらに1分泡立てます。

9　Aにメレンゲの1/6量を加え、ホイッパー（小）で【すくいあげ】で混ぜます。

10　残り5/6量のメレンゲを24cmボウルに移し替えます。9を一度に加え、【エキュモワール】で混ぜます。

**C** 11　80％ほど混ざったら、次に粉を5～6回に分けて加え、10秒に10回の速さで混ぜます。80％ほど混ざり、少し粉が残っているうちに次の粉を加えます。

12　粉がほぼ見えなくなったら、ボウルの内側をゴムべらで払い、さらに25～30回ほどゆっくり混ぜます。

13　冷凍ホールのラズベリーbを加え、10回ほど混ぜます。

14　混ぜおわりの状態です。

15　何も塗らないシフォン型に入れて焼きます。

16　焼きあがったら逆さまにして冷まし、完全に冷めたらゆっくり型からはずします。

**仕上げ** 17　8分立てにした生クリームと、ラズベリーソース（→P.82参照）をシフォンケーキに添えます。

raspberry chiffon cake　33

# レモン
lemon chiffon cake

味の相性のよいレモンとハチミツのシフォンケーキです。ハチミツもレモンの花のハチミツを使っています。

## 材料

| 20cm | 17cm | | |
|---|---|---|---|
| 90g | 54g | 卵黄 | A |
| 45g | 27g | ハチミツ（レモン）★ | |
| 58g | 35g | ピーナッツオイル | |
| 9g | 6g | ミルクパウダー（乳脂肪分26%） | |
| 58g | 35g | オレンジジュース（100%） | |
| 約1/2個分 | 約1/3個分 | レモンの皮のすりおろし | |
| 185g | 110g | 卵白 | B |
| 44g | 26g | グラニュー糖 a | |
| 40g | 24g | グラニュー糖 b | |
| 115g | 66g | フランス粉 | C |
| 2.2g | 1.3g | ベーキングパウダー | |

レモンピールの漬け込み（➡P.29参照）

| 155g | 95g | レモンピール |
| 15g | 9g | レモン汁 |
| 15g | 9g | ホワイトラム（JB） |

★ハチミツはレモンのハチミツでなくてもつくれますが、レモンのハチミツの方が、おいしくできます。

## 焼き時間

**20cm型**
- ガスオーブン：170℃で約20分 ➡ 160℃で約18分
- 電子レンジオーブン：予熱200℃/180℃で約20分 ➡ 170℃で約20分

**17cm型**
- ガスオーブン：170℃で約20分 ➡ 160℃で約8分
- 電子レンジオーブン：予熱200℃/180℃で約20分 ➡ 170℃で約10分

※レモンの香りをはっきりさせるために、レモンの皮をすりおろして加えます。この時は無農薬のレモンを使うようにしてください。またレモンジュースでは酸味が強すぎることと、味わいにふくらみを与えるためにオレンジジュースを組み合わせました。

## つくり方

**下準備**

**1** 5mm角に切ったレモンピールを8時間以上漬け込んでおきます（➡P.29参照）。

**2** レモンの皮は黄色い部分だけをすりおろしグラニュー糖（分量外）ひとつまみを加え、パレットナイフで少し水分がでてくるまですり合わせておきます。これによってレモンの香りがさらによくなります。

**A 3** 手つき中ボウルに卵黄、ハチミツを入れ、ハンドミキサーにビーターを1本つけ、速度3番で1分30秒泡立てます。

**4** ピーナッツオイルを4回に分けて加えます。1回加えるごとに速度3番で30秒混ぜます。

**5** ミルクパウダーを加え、速度1番で10秒混ぜます。

**6** オレンジジュースを3回に分けて加えます。1回加えるごとに速度1番で20秒混ぜます。

**7** 2のレモンの皮のすりおろしを加えます。

**B 8** メレンゲをつくります。深大ボウルごと冷蔵庫に入れて10℃に冷やしておいた卵白に、グラニュー糖aを加え、ハンドミキサーにビーターを2本つけ、速度2番で1分、速度3番で2分、グラニュー糖bを加えてさらに1分泡立てます。

**9** Aにメレンゲの1/6量を加え、ホイッパー（小）で【すくいあげ】で混ぜます。

**10** 残り5/6量のメレンゲを24cmボウルに移し替えます。9を一度に加え、【エキュモワール】で混ぜます。

**C 11** 80％ほど混ざったら、次に粉を5～6回に分けて加え、10秒に10回の速さで混ぜます。80％ほど混ざり、少し粉が残っているうちに次の粉を加えます。

**12** 粉がほぼ見えなくなったら、ボウルの内側をゴムベらで払い、さらに25～30回ほどゆっくり混ぜます。

**13** 1のレモンピールを2回に分けて加えます。1回目は半量を加えて5回ほど混ぜ、2回目は残り半量を加えて10回ほど混ぜます。

**14** 混ぜおわりの状態です。

**15** 何も塗らないシフォン型に入れて焼きます。

**16** 焼きあがったら逆さまにして冷まし、完全に冷めたらゆっくり型からはずします。

lemon chiffon cake

# オレンジ
orange chiffon cake

ここでは100％オレンジ果汁とスペイン産のオレンジの皮から抽出した香りの成分を主とするペースト状の「コンパウンド・オレンジ」を使って焼きあがりの香りをよくしています。これを加えると一年中一定して香り高いオレンジシフォンがつくれます。

## 材料

| 20cm | 17cm | |
|---|---|---|
| 90g | 54g | 卵黄 |
| 50g | 30g | グラニュー糖 a |
| 65g | 40g | ピーナッツオイル |
| 8g | 5g | ミルクパウダー（乳脂肪分26％） |
| 60g | 36g | オレンジジュース（100％） |
| 22g | 13g | コンパウンド・オレンジ |
| 15g | 9g | オレンジキュラソー a（アルコール度40°） |

A

| 200g | 120g | 卵白 |
|---|---|---|
| 65g | 40g | グラニュー糖 b |
| 20g | 12g | グラニュー糖 c |

B

| 120g | 72g | フランス粉 |
|---|---|---|
| 2.4g | 1.4g | ベーキングパウダー |

C

**仕上げ用**
生クリーム（➡P.83参照）

| 20cm | 17cm | |
|---|---|---|
| 300g | 200g | 生クリーム（乳脂肪分42％） |
| 30g | 20g | グラニュー糖 d |
| 4.5g | 3g | オレンジキュラソー b（アルコール度40°） |

飾りのコポー（➡P.87参照）
適量　オレンジチョコレート

## 焼き時間

**20cm型**
[ガスオーブン] 170℃で約20分 ➡ 160℃で約17分
[電子レンジオーブン] 予熱200℃/180℃で約20分 ➡ 170℃で約20分

**17cm型**
[ガスオーブン] 170℃で約20分 ➡ 160℃で約8分
[電子レンジオーブン] 予熱200℃/180℃で約20分 ➡ 170℃で約10分

## つくり方

**A**

1　手つき中ボウルに卵黄、グラニュー糖aを入れ、ハンドミキサーにビーターを1本つけ、速度3番で1分30秒泡立てます。

2　ピーナッツオイルを4回に分けて加えます。1回加えるごとに速度3番で30秒混ぜます。

3　ミルクパウダーを加え、速度1番で10秒混ぜます。

4　オレンジジュースを3回に分けて加えます。1回加えるごとに速度1番で20秒混ぜます。

5　コンパウンド・オレンジにゴムべらで少しすくいとった4を混ぜ、よくのばして4に戻し加えます。

6　オレンジキュラソーaを加えます。

**B**

7　メレンゲをつくります。深大ボウルごと冷蔵庫に入れて10℃に冷やしておいた卵白に、グラニュー糖bを加え、ハンドミキサーにビーターを2本つけ、速度2番で1分、速度3番で2分、グラニュー糖cを加えてさらに1分泡立てます。

8　**A**にメレンゲの1/6量を加え、ホイッパー（小）で【すくいあげ】で混ぜます。

9　残り5/6量のメレンゲを24cmボウルに移し替えます。8を一度に加え、【エキュモワール】で混ぜます。

**C**

10　80％ほど混ざったら、次に粉を5〜6回に分けて加え、10秒に10回の速さで混ぜます。80％ほど混ざり、少し粉が残っているうちに次の粉を加えます。

11　粉がほぼ見えなくなったら、ボウルの内側をゴムべらで払い、さらに30〜35回ほどゆっくり混ぜます。

12　何も塗らないシフォン型に入れて焼きます。

13　焼きあがったら逆さまにして冷まし、完全に冷めたらゆっくり型からはずします。

**仕上げ**

14　生クリーム（➡P.83参照）をつくり、デコレーション（➡P.87参照）します。

※酸の種類にもよりますが、酸味が強いものの場合、卵白から離水がおこりやすいので、メレンゲをつくるときはボロボロの泡にならないよう最初の砂糖を多くして、その粘りで泡を安定させます。
※輸入オレンジは農薬が多く使われているので、使わない方が無難です。

orange chiffon cake

# 杏
### apricot chiffon cake

フランス南東部、ローヌ・アルプ地方産の味の濃いアプリコットピューレと、トルコ産のドライアプリコットを使って仕上げました。さわやかな杏の香りと酸味のきいたシフォンケーキです。

## 材料

| 20cm | 17cm | |
|---|---|---|
| 90g | 54g | 卵黄 |
| 50g | 30g | グラニュー糖 a |
| 57g | 34g | ピーナッツオイル |
| 9g | 5g | ミルクパウダー(乳脂肪分26%) |
| 60g | 40g | アプリコットピューレ |
| 5g | 3g | キルシュ a |
| 5g | 3g | アプリコットリキュール a |
| 0.8g (10滴) | 0.5g (7滴) | バニラエッセンス |
| 190g | 115g | 卵白 |
| 50g | 30g | グラニュー糖 b |
| 45g | 27g | グラニュー糖 c |
| 110g | 66g | フランス粉 |
| 2.2g | 1.3g | ベーキングパウダー |

A: 卵黄〜バニラエッセンス
B: 卵白〜グラニュー糖 c
C: フランス粉、ベーキングパウダー

ドライアプリコットの漬け込み（➡P.29参照）

| 130g | 78g | ドライアプリコット |
|---|---|---|
| 25g | 15g | キルシュ b |
| 25g | 15g | アプリコットリキュール b |

## 焼き時間

**20cm型**
- ガスオーブン　170℃で約20分 ➡ 160℃で約18分
- 電子レンジオーブン　予熱200℃/180℃で約20分 ➡ 170℃で約20分

**17cm型**
- ガスオーブン　170℃で約20分 ➡ 160℃で約8分
- 電子レンジオーブン　予熱200℃/180℃で約20分 ➡ 170℃で約10分

## つくり方

**下準備**

**1** 5mm角に切ったドライアプリコットを8時間以上漬け込んでおきます。（➡P.29参照）

**A**

**2** 手つき中ボウルに卵黄、グラニュー糖aを入れ、ハンドミキサーにビーターを1本つけ、速度3番で1分30秒泡立てます。

**3** ピーナッツオイルを4回に分けて加えます。1回加えるごとに速度3番で30秒混ぜます。

**4** ミルクパウダーを加え、速度1番で10秒混ぜます。

**5** アプリコットピューレを3回に分けて加えます。1回加えるごとに速度1番で20秒混ぜます。

**6** キルシュa、アプリコットリキュールa、バニラエッセンスを加えます。

**B**

**7** メレンゲをつくります。深大ボウルごと冷蔵庫に入れて10℃に冷やしておいた卵白に、グラニュー糖bを加え、ハンドミキサーにビーターを2本つけ、速度2番で1分、速度3番で2分、グラニュー糖cを加えてさらに1分泡立てます。

**8** Aにメレンゲの1/6量を加え、ホイッパー（小）で【すくいあげ】で混ぜます。

**9** 残り5/6量のメレンゲを24cmボウルに移し替えます。8を一度に加え、【エキュモワール】で混ぜます。

**C**

**10** 80%ほど混ざったら、次に粉を5〜6回に分けて加え、10秒に10回の速さで混ぜます。80%ほど混ざり、少し粉が残っているうちに次の粉を加えます。

**11** 粉がほぼ見えなくなったら、ボウルの内側をゴムべらで払い、さらに25〜30回ほどゆっくり混ぜます。

**12** 11に1のドライアプリコットを2回に分けて加えます。1回目は半量を加えて5回ほど混ぜ、2回目は残り半量を加えて10回ほど混ぜます。

**13** 混ぜおわりの状態です。

**14** 何も塗らないシフォン型に入れて焼きます。

**15** 焼きあがったら逆さまにして冷まし、完全に冷めたらゆっくり型からはずします。

apricot chiffon cake

# パッションフルーツとマンゴー

passion fruit & mango chiffon cake

パッションフルーツとマンゴーのトロピカルなシフォンです。アフリカ産の香り高いパッションフルーツのピューレは、より味の印象を深くするために、一部を半量に煮詰めるのがポイントです。

## 材料

| | 20cm | 17cm | |
|---|---|---|---|
| **A** | 90g | 54g | 卵黄 |
| | 50g | 30g | グラニュー糖 a |
| | 57g | 34g | ピーナッツオイル |
| | 9g | 5g | ミルクパウダー（乳脂肪分26%） |
| | 35g | 21g | パッションフルーツピューレ a |
| | 35g | 21g | パッションフルーツピューレ b（半量に煮詰めて使用） |
| | 0.8g (10滴) | 0.5g (7滴) | バニラエッセンス |
| **B** | 185g | 110g | 卵白 |
| | 50g | 30g | グラニュー糖 b |
| | 50g | 30g | グラニュー糖 c |
| **C** | 108g | 65g | フランス粉 |
| | 2g | 1.2g | ベーキングパウダー |

ドライマンゴーの漬け込み（→P.29参照）

| | | |
|---|---|---|
| 90g | 54g | ドライマンゴー |
| 18g | 11g | グラニュー糖 d |
| 20g | 12g | 水 |

生マンゴー煮

| | | |
|---|---|---|
| 115g | 70g | 生マンゴー |
| 11g | 7g | グラニュー糖 e |

## 焼き時間

**20cm型**
- ガスオーブン：170℃で約25分 → 160℃で約13分
- 電子レンジオーブン：予熱200℃/180℃で約25分 → 170℃で約15分

**17cm型**
- ガスオーブン：170℃で約20分 → 160℃で約8分
- 電子レンジオーブン：予熱200℃/180℃で約20分 → 170℃で約10分

## つくり方

**下準備**

1　手つき鍋にパッションフルーツピューレbを入れ、弱火で半量に煮詰めておきます。写真左がそのままの、右が半量に煮詰めた色になります。

2　ドライマンゴーは3mm角に切り、8時間以上漬け込んでおきます（→P.29参照）。

3　生マンゴーは皮を縦にむき、4mmほどの厚さにスライスしてから4mm角に切ります。

4　手つき鍋に3の生マンゴーを入れ、グラニュー糖eを加えて5〜6分煮ます。

5　煮汁がでたらこし器で汁を切っておきます。汁の分量が5g以内であればパッションフルーツピューレa、bどちらかの中に加えておきます。

**A**

6　手つき中ボウルに卵黄、グラニュー糖aを入れ、ハンドミキサーにビーターを1本つけ、速度3番で1分30秒泡立てます。

7　ピーナッツオイルを4回に分けて加え混ぜます。1回加えるごとに速度3番で30秒混ぜます。

8　ミルクパウダーを加え、速度1番で10秒混ぜます。

9　パッションフルーツピューレaを2回に分けて加えます。1回加えるごとに速度1番で20秒混ぜます。

10　1の半量に煮詰めたパッションフルーツピューレbを加え、速度1番で20秒混ぜます。

11　バニラエッセンスを加えます。

**B**

12　メレンゲをつくります。深大ボウルごと冷蔵庫に入れて10℃に冷やしておいた卵白に、グラニュー糖bを加え、ハンドミキサーにビーターを2本つけ、速度2番で1分、速度3番で2分、グラニュー糖cを加えてさらに1分泡立てます。

13　Aにメレンゲの1/6量を加え、ホイッパー（小）で【すくいあげ】で混ぜます。

14　残り5/6量のメレンゲを24cmボウルに移し替えます。13を一度に加え、【エキュモワール】で混ぜます。

**C**

15　80％ほど混ざったら、次に粉を5〜6回に分けて加え、10秒に10回の速さで混ぜます。80％ほど混ざり、少し粉が残っているうちに次の粉を加えます。

16　粉がほぼ見えなくなったら、ボウルの内側をゴムべらで払い、さらに25〜30回ほどゆっくり混ぜます。

17　16に2のドライマンゴーと5の生マンゴー煮を、2回に分けて加えます。1回目は半量を加えて5回ほど混ぜ、2回目は残り半量を加えて10回ほど混ぜます。

18　混ぜおわりの状態です。

19　何も塗らないシフォン型に入れて焼きます。

20　焼きあがったら逆さまにして冷まし、完全に冷めたらゆっくり型からはずします。

※煮詰めていないピューレを多く加えると水分が多くなりすぎ、生地がネチャッとした焼きあがりになります。マンゴーはドライだけでは風味が少し足りないので、生マンゴーをさっと煮て水分を飛ばしたものも加えます。

passion fruit & mango chiffon cake

# バナナ
banana chiffon cake

完熟バナナとバナナのリキュールを使った、
バナナがたっぷりのシフォンケーキです。

## 材料

| 20cm | 17cm | |
|---|---|---|
| 90g | 54g | 卵黄 |
| 40g | 24g | グラニュー糖 a |
| 58g | 35g | ピーナッツオイル |
| 10g | 6g | ミルクパウダー（乳脂肪分26%） |
| **A** 170g | 100g | バナナ（完熟）★ |
| 5g | 3g | レモン汁 |
| 30g | 18g | バナナクリーム a（リキュール） |
| 0.8g（10滴） | 0.5g（7滴） | バニラエッセンス |
| 185g | 110g | 卵白 |
| **B** 40g | 24g | グラニュー糖 b |
| 36g | 21g | グラニュー糖 c |
| **C** 108g | 65g | フランス粉 |
| 2.2g | 1.3g | ベーキングパウダー |

仕上げ用
生クリーム（→P.83参照）

| 20cm | 17cm | |
|---|---|---|
| 200g | 120g | 生クリーム（乳脂肪分42%） |
| 20g | 12g | グラニュー糖 d |
| 10g | 6g | バナナクリーム b（リキュール） |

★バナナの分量の目安は、中くらいのもの1本の皮をむいた正味が110gほどです。

## 焼き時間

**20cm型**
- ガスオーブン　170℃で約20分→160℃で約18分
- 電子レンジオーブン　予熱200℃/180℃で約20分→170℃で約20分

**17cm型**
- ガスオーブン　170℃で約20分→160℃で約8分
- 電子レンジオーブン　予熱200℃/180℃で約20分→170℃で約10分

## つくり方

**下準備**

**1** バナナはフォークでつぶし、小さい塊が少し残っているくらいのペースト状にして、レモン汁と合わせておきます。

**A** **2** 手つき中ボウルに卵黄、グラニュー糖aを入れ、ハンドミキサーにビーターを1本つけ、速度3番で1分30秒泡立てます。

**3** ピーナッツオイルを4回に分けて加えます。1回加えるごとに速度3番で30秒混ぜます。

**4** ミルクパウダーを加え、速度1番で10秒混ぜます。

**5** 1のペースト状にしたバナナを3回に分けて加えます。1回加えるごとに速度1番で20秒混ぜます。

**6** バナナクリームa、バニラエッセンスを加えます。

**B** **7** メレンゲをつくります。深大ボウルごと冷蔵庫に入れて10℃に冷やしておいた卵白に、グラニュー糖bを加え、ハンドミキサーにビーターを2本つけ、速度2番で1分、速度3番で2分、グラニュー糖cを加えてさらに1分泡立てます。

**8** **A**にメレンゲの1/6量を加え、ホイッパー（小）で【すくいあげ】で混ぜます。

**C** **9** 残り5/6量のメレンゲを24cmボウルに移し替えます。8を一度に加え、【エキュモワール】で混ぜます。

**10** 80％ほど混ざったら、次に粉を5〜6回に分けて加え、10秒に10回の速さで混ぜます。80％ほど混ざり、少し粉が残っているうちに次の粉を加えます。

**11** 粉がほぼ見えなくなったら、ボウルの内側をゴムべらで払い、さらに30〜35回ほどゆっくり混ぜます。

**12** 何も塗らないシフォン型に入れて焼きます。

**13** 焼きあがったら逆さまにして冷まし、完全に冷めたらゆっくり型からはずします。

**仕上げ** **14** 生クリーム（→P.83参照）をつくり、シフォンケーキに添えます。

※皮に青さがあり果肉が固いバナナではおいしい味わいはつくれません。もし香り、味が十分でない場合は買ってきてから2〜3日おいて、少し黒い斑点がでてくるほどに熟成させます。これくらいになると香りや味わいが増してきて、バナナの印象が強い焼きあがりになります。またバナナの香りをさらに印象づけるために、バナナのリキュールを加えています。

banana chiffon cake

# ブルーベリー
## blueberry chiffon cake

生のブルーベリーは焼いている間に汁がたくさんでてしまい、やわらかい生地の中で下に落ちたり、果汁で生地の一部がくしゃっとしてしまい、おいしくありません。そこで、生地の中に入れるブルーベリーは缶詰を使います。缶詰の汁を一度煮詰めてそこに実を漬け込んで味を濃く強く、さらにフランスから直輸入している冷蔵ピューレも加え、全体の味わいに一体感がでるようにしてあります。

## 材料

| 20cm | 17cm | |
|---|---|---|
| 100g | 60g | 卵黄 |
| 50g | 30g | グラニュー糖 a |
| 65g | 40g | ピーナッツオイル |
| 10g | 6g | ミルクパウダー（乳脂肪分26％） |
| 50g | 30g | ブルーベリーピューレ a |
| 0.8g (10滴) | 0.5g (7滴) | バニラエッセンス |

A

| 200g | 120g | 卵白 |
|---|---|---|
| 45g | 27g | グラニュー糖 b |
| 40g | 24g | グラニュー糖 c |

B

| 120g | 72g | フランス粉 |
|---|---|---|
| 2.4g | 1.4g | ベーキングパウダー |

C

ブルーベリーの漬け込み（→P.29参照）

| 80g | 48g | ブルーベリーシロップ煮（缶詰）の汁 |
|---|---|---|
| 15g | 9g | レモン汁 |
| 213g | 130g | ブルーベリーシロップ煮（缶詰）の実 |

仕上げ用
ブルーベリーソース（→P.82参照）

| 20cm | 17cm | |
|---|---|---|
| 50g | 30g | 水 |
| 4g | 2g | コーンスターチ |
| 50g | 30g | ブルーベリーピューレ b |
| 25g | 15g | グラニュー糖 d |

生クリーム（→P.83参照）

| 20cm | 17cm | |
|---|---|---|
| 200g | 120g | 生クリーム（乳脂肪分42％） |
| 20g | 12g | グラニュー糖 e |
| 0.3g (4滴) | 0.2g (3滴) | バニラエッセンス |

※ブルーベリーの色素によってできあがりの生地はグレーに仕上がります。ピューレにレモン汁を入れると色はきれいになりますが、入れない方がブルーベリー本来のおいしさが感じられる味に仕上がります。
※ブルーベリーの漬け込みは、漬け込み汁は使わず、実だけを使います。

## 焼き時間

**20cm型**
- ガスオーブン　170℃で約25分 → 160℃で約15分
- 電子レンジオーブン　予熱200℃/180℃で約25分 → 170℃で約17分

**17cm型**
- ガスオーブン　170℃で約20分 → 160℃で約10分
- 電子レンジオーブン　予熱200℃/180℃で約20分 → 170℃で約12分

## つくり方

**下準備**

**1** 半量に煮詰めたブルーベリーシロップ煮（缶詰）の汁でブルーベリーの実を8時間以上漬け込んでおきます（→P.29参照）。

A

**2** 手つき中ボウルに卵黄、グラニュー糖aを入れ、ハンドミキサーにビーターを1本つけ、速度3番で1分30秒泡立てます。

**3** ピーナッツオイルを4回に分けて加えます。1回加えるごとに速度3番で30秒混ぜます。

**4** ミルクパウダーを加え、速度1番で10秒混ぜます。

**5** ブルーベリーピューレaを2回に分けて加えます。1回加えるごとに速度1番で20秒混ぜます。

**6** バニラエッセンスを加えます。

B

**7** メレンゲをつくります。深大ボウルごと冷蔵庫に入れて10℃に冷やしておいた卵白に、グラニュー糖bを加え、ハンドミキサーにビーターを2本つけ、速度2番で1分、速度3番で2分、グラニュー糖cを加えてさらに1分泡立てます。

**8** Aにメレンゲの1/6量を加え、ホイッパー（小）で【すくいあげ】で混ぜます。

**9** 残り5/6量のメレンゲを24cmボウルに移し替えます。8を一度に加え、【エキュモワール】で混ぜます。

C

**10** 80％ほど混ざったら、次に粉を5～6回に分けて加え、10秒に10回の速さで混ぜます。80％ほど混ざり、少し粉が残っているうちに次の粉を加えます。

**11** 粉がほぼ見えなくなったら、ボウルの内側をゴムべらで払い、さらに25～30回ほどゆっくり混ぜます。

**12** 11に1のブルーベリーの実を2回に分けて加えます。1回目は半量を加えて5回ほど混ぜ、2回目は残り半量を加えて10回ほど混ぜます。

**13** 混ぜおわりの状態です。

**14** 何も塗らないシフォン型に入れて焼きます。

**15** 焼きあがったら逆さまにして冷まし、完全に冷めたらゆっくり型からはずします。

**仕上げ**

**16** ブルーベリーソース（→P.82参照）と生クリーム（→P.83参照）をつくり、シフォンケーキに添えます。

# 食感を楽しむシフォンケーキ

シロップ漬けのマロンがたっぷり入った栗のシフォンケーキと、フランス産のくるみを使ったくるみのシフォンケーキ。かたいナッツ類は、そのまま加えてしまうとシフォンケーキのやわらかさの中で唐突な食感になりがちです。そこで何度も試作を繰り返し、やわらかさに似合う歯触り、食感が楽しめるように、刻み方に工夫をくわえています。

## 栗
### marron chiffon cake

ここでは牛乳のかわりに、牛乳で溶いた栗のペーストを加えます。これはスペイン産の蒸し栗を使ったやわらかいペーストで、牛乳に簡単に混ざります。もし手に入らなければ、他のマロンクリームなどで代用することもできます。その場合は、固いものもあるので、ある程度やわらかくなるまで、少しずつ牛乳を加えて木べらでつぶすようにしながら混ぜるとうまく牛乳と混ざります。

## 材料

| 20cm | 17cm | |
|---|---|---|
| 90g | 54g | 卵黄 |
| 45g | 27g | グラニュー糖 a |
| 58g | 35g | ピーナッツオイル |
| 9g | 5g | ミルクパウダー (乳脂肪分26%) |
| 135g | 80g | マロンペースト a |
| 35g | 20g | 牛乳 |
| 18g | 11g | ラム酒 a (ダーク・ラム) |
| 1/3本 | 1/7本 | バニラビーンズ |
| 195g | 117g | 卵白 |
| 40g | 24g | グラニュー糖 b |
| 36g | 22g | グラニュー糖 c |
| 108g | 65g | フランス粉 |
| 2g | 1.2g | ベーキングパウダー |
| 235g | 140g | シロップ漬けのマロン |
| 13g | 8g | ラム酒 b (ダーク・ラム) |

A：卵黄〜バニラビーンズ
B：卵白〜グラニュー糖 c
C：フランス粉〜ベーキングパウダー

**仕上げ用**
生クリーム（➡P.83参照）

| 20cm | 17cm | |
|---|---|---|
| 200g | 120g | 生クリーム（乳脂肪分42%） |
| 40g | 24g | マロンペースト b |
| 3g | 2g | ラム酒 c (ダーク・ラム) |
| 0.2g (3滴) | 0.1g (2滴) | バニラエッセンス |

## 焼き時間

**20cm型**
- ガスオーブン：170℃で約20分 ➡ 160℃で約17分
- 電子レンジオーブン：予熱200℃/180℃で約20分 ➡ 170℃で約20分

**17cm型**
- ガスオーブン：170℃で約20分 ➡ 160℃で約8分
- 電子レンジオーブン：予熱200℃/180℃で約20分 ➡ 170℃で約10分

## つくり方

**下準備**

1 バニラビーンズは縦に裂いてビーンズをこそげおとしておきます。

2 ボウルにマロンペースト a を入れ、牛乳で溶いておきます。

3 5mm角に切ったシロップ漬けのマロンにラム酒 b を合わせておきます。

**A** 4 手つき中ボウルに卵黄、グラニュー糖 a を入れ、ハンドミキサーにビーターを1本つけ、速度3番で1分30秒泡立てます。

5 ピーナッツオイルを4回に分けて加えます。1回加えるごとに速度3番で30秒混ぜます。

6 ミルクパウダーを加え、速度1番で10秒混ぜます。

7 2の牛乳で溶いたマロンペースト a を3回に分けて加えます。1回加えるごとに速度1番で20秒混ぜます。

8 ラム酒 a、1のバニラビーンズを加えます。

**B** 9 メレンゲをつくります。深大ボウルごと冷蔵庫に入れて10℃に冷やしておいた卵白に、グラニュー糖 b を加え、ハンドミキサーにビーターを2本つけ、速度2番で1分、速度3番で2分、グラニュー糖 c を加えてさらに1分泡立てます。

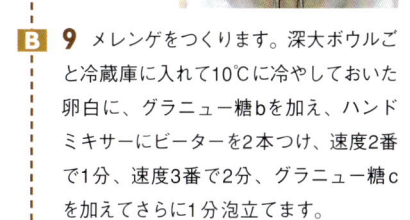

10 **A** にメレンゲの1/6量を加え、ホイッパー（小）で【すくいあげ】で混ぜます。

11 残り5/6量のメレンゲを24cmボウルに移し替えます。10を一度に加え、【エキュモワール】で混ぜます。

**C** 12 80％ほど混ざったら、次に粉を5〜6回に分けて加え、10秒に10回の速さで混ぜます。80％ほど混ざり、少し粉が残っているうちに次の粉を加えます。

13 粉がほぼ見えなくなったら、ボウルの内側をゴムべらで払い、さらに25〜30回ほどゆっくり混ぜます。

14 3のマロンを2回に分けて加えます。1回目は半量を加えて5回ほど混ぜ、2回目は残り半量を加えて10回ほど混ぜます。

15 混ぜおわりの状態です。

16 何も塗らないシフォン型に入れ、焼きます。

17 焼きあがったら逆さまにして冷まし、完全に冷めたらゆっくり型からはずします。

**仕上げ** 18 生クリームをつくり（➡P.83参照）、シフォンケーキに添えます。

marron chiffon cake

# くるみ
## walnut chiffon cake

### 材料

| | 20cm | 17cm | |
|---|---|---|---|
| **A** | 90g | 54g | 卵黄 |
| | 45g | 27g | キャソナードa |
| | 58g | 35g | ピーナッツオイル |
| | 10g | 6g | ミルクパウダー(乳脂肪分26%) |
| | 60g | 36g | 牛乳 |
| | 15g | 9g | トスキノチェロa(くるみとヘーゼルナッツのお酒) |
| | 0.8g (10滴) | 0.5g (7滴) | バニラエッセンス |
| **B** | 200g | 120g | 卵白 |
| | 40g | 24g | グラニュー糖 |
| | 40g | 24g | キャソナードb |
| **C** | 110g | 66g | フランス粉 |
| | 2.2g | 1.3g | ベーキングパウダー |
| | 0.7g | 0.4g | シナモンパウダー |
| | 150g | 90g | くるみ |

仕上げ用
生クリーム (➡P.83参照)

| 20cm | 17cm | |
|---|---|---|
| 200g | 120g | 生クリーム(乳脂肪分42%) |
| 20g | 12g | キャソナードc |
| 3g | 1.8g | トスキノチェロb(くるみとヘーゼルナッツのお酒) |

フランス産のおいしいくるみをたっぷりと入れたシフォンケーキです。くるみのかたさが、やわらかいシフォンケーキの生地の中で唐突に感じないように、くるみの砕き方がとても重要なポイントとなります。またごく微量のシナモンを入れることにより、くるみの味が一段と引き立ってきます。

### 焼き時間

**20cm型**
- ガスオーブン: 170℃で約25分 ➡ 160℃で約12分
- 電子レンジオーブン: 予熱200℃/180℃で約25分 ➡ 170℃で約15分

**17cm型**
- ガスオーブン: 170℃で約20分 ➡ 160℃で約8分
- 電子レンジオーブン: 予熱200℃/180℃で約20分 ➡ 170℃で約10分

## つくり方

**下準備**

**1** フランス粉、ベーキングパウダー、シナモンパウダーは合わせてふるっておきます。

**2** くるみは5mmくらいに粗く刻んでからフードプロセッサーにかけて2/3くらいの粗挽きになるようにします。この砕き方で味に影響がでます。ごまのシフォンケーキよりも粗い挽き方になります。

▲粗く刻んだ状態

▲2/3くらい粗挽きした状態

**A** **3** 手つき中ボウルに卵黄、キャソナードaを入れ、ハンドミキサーにビーターを1本つけ、速度3番で1分30秒泡立てます。

**4** ピーナッツオイルを4回に分けて加えます。1回加えるごとに速度3番で30秒混ぜます。

**5** ミルクパウダーを加え、速度1番で10秒混ぜます。

**6** 牛乳を3回に分けて加えます。1回加えるごとに速度1番で20秒混ぜます。

**7** トスキノチェロa、バニラエッセンスを加えます。

**B** **8** メレンゲをつくります。深大ボウルごと冷蔵庫に入れて10℃に冷やしておいた卵白に、グラニュー糖を加え、ハンドミキサーにビーターを2本つけ、速度2番で1分、速度3番で2分、キャソナードbを加えてさらに1分泡立てます。

**9** Aにメレンゲを1/6量を加え、ホイッパー（小）で【すくいあげ】で混ぜます。

**10** 残り5/6量のメレンゲを24cmボウルに移し替えます。9を一度に加え、【エキュモワール】で混ぜます。

**C** **11** 80％ほど混ざったら、次に粉を5〜6回に分けて加え、10秒に10回の速さで混ぜます。80％ほど混ざり、少し粉が残っているうちに次の粉を加えます。

**12** 粉がほぼ見えなくなったら、ボウルの内側をゴムべらで払い、さらに25〜30回ほどゆっくり混ぜます

**13** 次にくるみを3回に分けて加えます。1回目と2回目は3回ほど、3回目は10回ほど混ぜます。

**14** 混ぜおわりの状態です。

**15** 何も塗らないシフォン型に入れて焼きます。

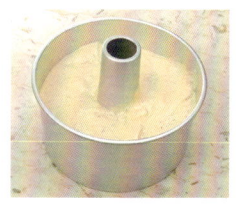

**16** 焼きあがったら逆さまにして冷まし、完全に冷めたらゆっくり型からはずします。

**仕上げ** **17** 生クリーム（➡P.83参照）をつくり、シフォンケーキに添えます。

walnut chiffon cake 49

# 和風シフォンケーキ

抹茶やごまなど、「和」の素材を使ったシフォンケーキです。試作の段階でいろいろな和の素材を試してみましたが、香りや味わいがきちんといきてくる素材ということで、今回は抹茶とごまを紹介しています。グリーンがきれいな抹茶のシフォンケーキは抹茶の生クリームを添えて。ごまのシフォンケーキは、黒糖とハチミツを合わせたごまソースを添えて、和風にいただきます。

## ごま
### sesame chiffon cake

ごまの香りがいっぱいのシフォンケーキにするために、いりごまとねりごまだけでなく、香り、味のしっかりしたごま油を加えたら、味わいがとても印象的になりました。ごまは、ひきたての方が香りがよいです。黒ごまと白ごまの両方を使うことで風味のちがいが楽しめます。また、くるみをかなり細かく砕いて生地に加えたことで、豊かなくるみの味がでています。ごま入り黒糖ハチミツソースを添えていただきます。生地の中に油分が多いので焼きあがって逆さまにして冷ましたあと、上部がほんの少しだけ縮みます。

## 材料

| 20cm | 17cm | |
|---|---|---|
| 100g | 60g | 卵黄 |
| 50g | 30g | グラニュー糖 a |
| 33g | 20g | ごま油 |
| 22g | 13g | ピーナッツオイル |
| 13g | 8g | ミルクパウダー(乳脂肪分26%) |
| 25g | 15g | 牛乳 a |
| 55g | 33g | ねりごま（白） |
| 50g | 30g | 牛乳 b |
| 230g | 138g | 卵白 |
| 50g | 30g | グラニュー糖 b |
| 45g | 27g | グラニュー糖 c |
| 130g | 78g | フランス粉 |
| 2.6g | 1.6g | ベーキングパウダー |
| 33g | 20g | いりごま（白）a |
| 33g | 20g | いりごま（黒） |
| 55g | 33g | くるみ |
| 5g | 3g | いりごま（白）b ※上から振りかける分 |

Aグループ: 卵黄〜牛乳b
Bグループ: 卵白〜グラニュー糖c
Cグループ: フランス粉、ベーキングパウダー

仕上げ用
ごま入り黒糖ハチミツソース（→P.82参照）

| 20cm | 17cm | |
|---|---|---|
| 60g | 36g | 黒糖 |
| 60g | 36g | グラニュー糖 |
| 50g | 30g | 水 |
| 45g | 27g | ハチミツ（菩提樹） |
| 25g | 15g | いりごま（白）c |

## 焼き時間

**20cm型**
- ガスオーブン　170℃で約25分 → 160℃で約15分
- 電子レンジオーブン　予熱200℃/180℃ で約25分 → 170℃で約17分

**17cm型**
- ガスオーブン　170℃で約20分 → 160℃で約10分
- 電子レンジオーブン　予熱200℃/180℃ で約20分 → 170℃で約12分

## つくり方

**下準備**

**1** いりごま（白）をすりa、b、cに分けておきます。次にいりごま（黒）をすります。いりごま（白）a、（黒）は合わせておきます。

**2** くるみはフードプロセッサーで1〜2mmにし、1のいりごま（白）a、（黒）と合わせておきます。

▲1〜2mmにした状態

**3** ごま油とピーナッツオイルは合わせておきます。

**A** **4** 手つき中ボウルに卵黄、グラニュー糖aを入れ、ハンドミキサーにビーターを1本つけ、速度3番で1分30秒泡立てます。

**5** 3のオイルを4回に分けて加えます。1回加えるごとに速度3番で20秒混ぜます。

**6** ミルクパウダーを加え、速度1番で10秒混ぜます。

**7** 牛乳aを加え、速度1番で10秒混ぜます。

**8** ねりごま（白）を加え、速度1番で30秒混ぜます。

**9** 牛乳bを2回に分けて加えます。1回加えるごとに速度1番で20秒混ぜます。

**B** **10** メレンゲをつくります。深大ボウルごと冷蔵庫に入れて10℃に冷やしておいた卵白に、グラニュー糖bを加え、ハンドミキサーにビーターを2本つけ、速度2番で1分、速度3番で2分、グラニュー糖cを加えてさらに1分泡立てます。

**11** Aにメレンゲの1/6量を加え、ホイッパー（小）で【すくいあげ】で混ぜます。

**12** 残り5/6量のメレンゲを24cmボウルに移し替えます。11を一度に加え、【エキュモワール】で混ぜます。

**C** **13** 80%ほど混ざったら、次に粉を5〜6回に分けて加え、10秒に10回の速さで混ぜます。80%ほど混ざり、少し粉が残っているうちに次の粉を加えます。

**14** 粉がほぼ見えなくなったら、ボウルの内側をゴムべらで払い、さらに25〜30回ほどゆっくり混ぜます。

**15** 14に2のごまとくるみを合わせたものを2回に分けて加えます。1回目は半量を加えて5回ほど混ぜ、2回目は残り半量を加えて10回ほど混ぜます。

**16** 混ぜおわりの状態です。

**17** 何も塗らないシフォン型に入れ、上からすったいりごま（白）bを振りかけて焼きます。

**18** 焼きあがったら逆さまにして冷まし、完全に冷めたらゆっくり型からはずします。

**仕上げ** **19** ごま入り黒糖ハチミツソース（→P.82参照）をつくり、シフォンケーキに添えます。

sesame chiffon cake

# 抹茶
green tea chiffon cake

もちろん、できるだけ挽きたての風味のよい抹茶を使うことが大事です。生地の中に生クリームを加えて深くやさしい味わいをもった、抹茶のおいしさが感じられるシフォンができました。

## 材料

| 20cm | 17cm | |
|---|---|---|
| | | |
| 110g | 66g | 卵黄 |
| 55g | 33g | グラニュー糖 a |
| 70g | 42g | ピーナッツオイル |
| 11g | 7g | ミルクパウダー（乳脂肪分26%） |
| 11g | 6.6g | 抹茶 a |
| 75g | 45g | 牛乳 |
| 0.8g (10滴) | 0.5g (7滴) | バニラエッセンス |
| 200g | 120g | 卵白 |
| 50g | 30g | グラニュー糖 b |
| 45g | 27g | グラニュー糖 c |
| 110g | 66g | フランス粉 |
| 2.4g | 1.4g | ベーキングパウダー |
| 22g | 13g | 生クリーム（乳脂肪分42%）★ |

A（卵黄〜バニラエッセンス）／B（卵白〜グラニュー糖c）／C（フランス粉・ベーキングパウダー）

★冷蔵庫の外にだしておいて温まった生クリームを加えるとメレンゲがつぶれやすくなるのでよく冷やしておきます。

### 仕上げ用
抹茶の生クリーム（→P.83参照）

| 20cm | 17cm | |
|---|---|---|
| 200g | 120g | 生クリーム（乳脂肪分42%） |
| 20g | 12g | グラニュー糖 d |
| 4g | 2.4g | 抹茶 b |

## 焼き時間

**20cm型**
- ガスオーブン：170℃で約20分 → 160℃で約15分
- 電子レンジオーブン：予熱200℃/180℃で約20分 → 170℃で約17分

**17cm型**
- ガスオーブン：170℃で約20分 → 160℃で約6分
- 電子レンジオーブン：予熱200℃/180℃で約20分 → 170℃で約8分

## つくり方

**A**

1 手つき中ボウルに卵黄、グラニュー糖aを入れ、ハンドミキサーにビーターを1本つけ、速度3番で1分30秒泡立てます。

2 ピーナッツオイルを4回に分けて加えます。1回加えるごとに速度3番で30秒混ぜます。

3 ミルクパウダーを加え、速度1番で10秒混ぜます。

4 抹茶aを加え、速度1番で10秒混ぜます。

5 牛乳を3回に分けて加えます。1回加えるごとに速度1番で20秒混ぜます。

6 バニラエッセンスを加えます。

**B**

7 メレンゲをつくります。深大ボウルごと冷蔵庫に入れて10℃に冷やしておいた卵白に、グラニュー糖bを加え、ハンドミキサーにビーターを2本つけ、速度2番で1分、速度3番で2分、グラニュー糖cを加えてさらに1分泡立てます。

8 Aにメレンゲの1/6量を加え、ホイッパー（小）で【すくいあげ】で混ぜます。

9 残り5/6量のメレンゲを24cmボウルに移し替えます。8を一度に加え、【エキュモワール】で混ぜます。

**C**

10 80%ほど混ざったら、次に粉を5〜6回に分けて加え、10秒に10回の速さで混ぜます。80%ほど混ざり、少し粉が残っているうちに次の粉を加えます。

11 粉がほぼ見えなくなったら、ボウルの内側をゴムべらで払い、冷蔵庫で冷やしておいた泡立てていない生クリームを加えてさらに30〜35回ほどゆっくり混ぜます。

12 混ぜおわりの状態です。

13 何も塗らないシフォン型に入れて焼きます。

14 焼きあがったら逆さまにして冷まし、完全に冷めたらゆっくり型からはずします。

**仕上げ**

15 生クリーム（→P.83参照）をつくり、シフォンケーキに添えます。

green tea chiffon cake

# 香りのシフォンケーキ

コーヒー、紅茶、ジンジャー、シナモン、そして「パン・デピス」から発想を得たスパイス。それぞれ、香りがきちんと感じられるようなレシピにできあがったと思います。今回、コーヒーと紅茶は、本書のために新たにデコレーションを加えて大人っぽいシフォンケーキに仕上がりました。どのケーキも、一口食べると口の中にふわっと香りが広がります。

# コーヒー
coffee chiffon cake

# コーヒー
## coffee chiffon cake

コーヒーにアーモンドのプラリネを加えたシフォンケーキです。生地にコーヒーを使うとふくらみがよいので、他のシフォンケーキに比べ、生地の全体量を少し減らしてあります。

## 材料

| 20cm | 17cm | |
|---|---|---|
| 90g | 54g | 卵黄 |
| 45g | 30g | キャソナード |
| 57g | 34g | ピーナッツオイル |
| 10g | 6g | ミルクパウダー(乳脂肪分26%) |
| 63g | 38g | 牛乳 |
| 3g | 1.8g | インスタントコーヒー |
| 10g | 6g | コーヒーエッセンスa |
| 0.8g (10滴) | 0.5g (7滴) | バニラエッセンスa |
| 195g | 117g | 卵白 |
| 40g | 24g | グラニュー糖a |
| 35g | 20g | グラニュー糖b |
| 110g | 66g | フランス粉 |
| 2g | 1.2g | ベーキングパウダー |
| 70g | 55g | プラリネ★ |

A: 卵黄〜バニラエッセンスa
B: 卵白〜グラニュー糖b
C: フランス粉〜ベーキングパウダー

★プラリネ

| 50g | アーモンド(縦6割) |
|---|---|
| 50g | グラニュー糖c |
| 5g | 水 |

★これ以上量が少ないと鍋がこげやすいので、この分量がつくりやすい最低量となります。

### 仕上げ用
コーヒーのバタークリーム(➡P.85参照)

| 20cm | 17cm | |
|---|---|---|
| 52g | 30g | 卵黄 |
| 130g | 78g | グラニュー糖d |
| 43g | 26g | 水 |
| 260g | 156g | バター |
| 1g (13滴) | 0.6g (8滴) | バニラエッセンスb |
| 5g | 3g | コーヒーエッセンスb |

### 焼き時間
**20cm型**
- ガスオーブン：170℃で約25分 ➡ 160℃で約13分
- 電子レンジオーブン：予熱200℃/180℃で約25分 ➡ 170℃で約15分

**17cm型**
- ガスオーブン：170℃で約20分 ➡ 160℃で約8分
- 電子レンジオーブン：予熱200℃/180℃で約20分 ➡ 170℃で約10分

※コーヒーの味をはっきりとさせて味わい深いものにするためにインスタントコーヒーとコーヒーエッセンスの両方を使っています。コーヒーエッセンスを使うとより味わいが深くなるのですが、手に入らない場合はインスタントコーヒーを倍量くらいにしてみてください。

## つくり方

**下準備**

**1** プラリネをつくります。天板にアーモンドを広げ、薄いきつね色になるまで空焼きします。〔ガスオーブン160℃で6〜7分〕〔電子レンジオーブン170℃で7〜8分〕

**2** 銅ボウルにグラニュー糖c、水を入れ、火にかけます。中火でキャラメル色になるまで焦がします。

**3** 2に1を加えて手早く混ぜ、オーブンシートの上に薄く広げます。冷めたら3〜4mm角に切ります。

**4** インスタントコーヒーはあらかじめ牛乳に入れて溶いておきます。牛乳は冷たい状態で十分に溶けます。

**A**

**5** 手つき中ボウルに卵黄、キャソナードを入れ、ハンドミキサーにビーターを1本つけ、速度3番で1分30秒泡立てます。

**6** ピーナッツオイルを4回に分けて加えます。1回加えるごとに30秒混ぜます。

**7** ミルクパウダーを加え、速度1番で10秒混ぜます。

**8** 4の牛乳で溶いたインスタントコーヒーを3回に分けて加えます。1回加えるごとに速度1番で20秒混ぜます。

**9** コーヒーエッセンスa、バニラエッセンスaを加えます。

**B**

**10** メレンゲをつくります。深大ボウルごと冷蔵庫に入れて10℃に冷やしておいた卵白に、グラニュー糖aを加え、ハンドミキサーにビーターを2本つけ、速度2番で1分、速度3番で2分、グラニュー糖bを加えてさらに1分泡立てます。

**11** Aにメレンゲの1/6量を加え、ホイッパー(小)で【すくいあげ】で混ぜます。

**12** 残り5/6量のメレンゲを24cmボウルに移し替えます。11を一度に加え、【エキュモワール】で混ぜます。

**C**

**13** 80%ほど混ざったら、次に粉を5〜6回に分けて加え、10秒に10回の速さで混ぜます。80%ほど混ざり、少し粉が残っているうちに次の粉を加えます。

**14** 粉がほぼ見えなくなったら、ボウルの内側をゴムべらで払い、さらに25〜30回ほどゆっくり混ぜます。

**15** 14にプラリネを2回に分けて加えます。1回目は半量を加えて5回ほど混ぜ、2回目は残り半量を加えて10回ほど混ぜます。

**16** 混ぜおわりの状態です。

**17** 何も塗らないシフォン型に入れて焼きます。

**18** 焼きあがったら逆さまにして冷まし、完全に冷めたらゆっくり型からはずします。

**仕上げ 19** コーヒーのバタークリーム(➡P.85参照)をつくり、デコレーション(➡P.86参照)します。

coffee chiffon cake 57

# スパイス
### spice chiffon cake

スパイスの香り高いシフォンケーキです。フランスの代表的なパン菓子"pain d'épice"（パン・デピス／スパイス入りのパン）の味をシフォンケーキでつくりました。

※ポイントはハチミツと香辛料です。ハチミツは他の素材や香辛料の味を生かすように、プロヴァンス産のアカシアのハチミツを使いました。香辛料はシナモン、ナツメグ、アニスパウダーの3種類。それともう一つの特徴として、フランス粉のほかに全粒粉などが入ります。また、基本的に果実の皮の砂糖煮やナッツ類などは最後に入れますが、特にオレンジピールは表面がべっとりしていてなかなか生地全体に分散しないので、Aを合わせたあとに半量加えておきます。

## 材料

| 20cm | 17cm | | |
|---|---|---|---|
| 90g | 54g | 卵黄 | A |
| 65g | 40g | ハチミツ（アカシア） | A |
| 70g | 42g | ピーナッツオイル | A |
| 11g | 7g | ミルクパウダー（乳脂肪分26%） | A |
| 70g | 42g | 牛乳 | A |
| 0.8g (10滴) | 0.5g (7滴) | バニラエッセンス | A |
| 55g | 33g | オレンジピールa | A |
| 200g | 120g | 卵白 | B |
| 55g | 33g | グラニュー糖 a | B |
| 45g | 27g | グラニュー糖 b | B |
| 115g | 70g | フランス粉 | C |
| 2.6g | 1.6g | ベーキングパウダー | C |
| 3.3g | 2g | シナモンパウダー | C |
| 1.3g | 0.8g | アニスパウダー | C |
| 1.3g | 0.8g | ナツメグ | C |
| 22g | 13g | 全粒粉a | C |
| 55g | 33g | オレンジピールb | |
| 55g | 33g | レモンピール | |
| 3g | 2g | 全粒粉b ※上から振りかける分 | |

## 焼き時間

**20cm型**
- ガスオーブン：170℃で約20分 → 160℃で約18分
- 電子レンジオーブン：予熱200℃/180℃で約20分 → 170℃で約20分

**17cm型**
- ガスオーブン：170℃で約20分 → 160℃で約8分
- 電子レンジオーブン：予熱200℃/180℃で約20分 → 170℃で約10分

## つくり方

**下準備** 1 フランス粉、ベーキングパウダー、シナモンパウダー、アニスパウダーは合わせてふるっておき、ナツメグのすりおろしたものと全粒粉aを入れて軽く混ぜておきます。

2 オレンジピールa、bは共にまわりのシロップを水でさっと洗って水気をよく拭き、長さ2cm厚さ2mmに切っておきます。レモンピールは長さ2cm厚さ1mmに切っておきます。

**A** 3 手つき中ボウルに卵黄、ハチミツを入れ、ハンドミキサーにビーターを1本つけ、速度3番で1分30秒泡立てます。

4 ピーナッツオイルを4回に分けて加えます。1回加えるごとに速度3番で30秒混ぜます。

5 ミルクパウダーを加え、速度1番で10秒混ぜます。

6 牛乳を3回に分けて加えます。1回加えるごとに速度1番で20秒混ぜます。

7 バニラエッセンスを加えます。

8 2のオレンジピールaを加えておきます。

**B** 9 メレンゲをつくります。深大ボウルごと冷蔵庫に入れて10℃に冷やしておいた卵白に、グラニュー糖aを加え、ハンドミキサーにビーターを2本つけ、速度2番で1分、速度3番で2分、グラニュー糖bを加えてさらに1分泡立てます。

10 Aにメレンゲの1/6量を加え、ホイッパー（小）で【すくいあげ】で混ぜます。

11 残り5/6量のメレンゲを24cmボウルに移し替えます。10を一度に加え、【エキュモワール】で混ぜます。

**C** 12 80％ほど混ざったら、次に粉を5〜6回に分けて加え、10秒に10回の速さで混ぜます。80％ほど混ざり、少し粉が残っているうちに次の粉を加えます。

13 粉がほぼ見えなくなったら、ボウルの内側をゴムべらで払い、さらに25〜30回ほどゆっくり混ぜます。

14 2のオレンジピールbとレモンピールを2回に分けて加えます。1回目は半量を加えて5回ほど混ぜ、2回目は残り半量を加えて10回ほど混ぜます。

15 混ぜおわりの状態です。

16 何も塗らないシフォン型に入れ、表面に全粒粉bを振りかけて焼きます。

17 焼きあがったら逆さまにして冷まし、完全に冷めたらゆっくり型からはずします。

spice chiffon cake

# シナモン
cinnamon chiffon cake

シナモンがたっぷり入ったシフォンケーキです。シナモンの風味を生かして、さらに生地全体のコクをだすため、グラニュー糖のかわりにフランス産の赤砂糖（キャソナード）を加えました。

## つくり方

**下準備**

1　フランス粉、ベーキングパウダー、シナモンパウダーは合わせてふるっておきます。

**A**　2　手つき中ボウルに卵黄、キャソナードを入れ、ハンドミキサーにビーターを1本つけ、速度3番で1分30秒泡立てます。

3　ピーナッツオイルを4回に分けて加えます。1回加えるごとに速度3番で30秒混ぜます。

4　ミルクパウダーを加えて速度1番で10秒混ぜます。

5　牛乳を3回に分けて加えます。1回加えるごとに速度1番で20秒混ぜます。

6　バニラエッセンスを加えます。

**B**　7　メレンゲをつくります。深大ボウルごと冷蔵庫に入れて10℃に冷やしておいた卵白に、グラニュー糖aを加え、ハンドミキサーにビーターを2本つけ、速度2番で1分、速度3番で2分、グラニュー糖bを加えてさらに1分泡立てます。

8　**A**にメレンゲの1/6量を加え、ホイッパー（小）で【すくいあげ】で混ぜます。

9　残り5/6量のメレンゲを24cmボウルに移し替えます。8を一度に加え、【エキュモワール】で混ぜます。

**C**　10　80％ほど混ざったら、次に粉を5〜6回に分けて加え、10秒に10回の速さで混ぜます。80％ほど混ざり、少し粉が残っているうちに次の粉を加えます。

11　粉がほぼ見えなくなったら、ボウルの内側をゴムべらで払い、さらに30〜35回ほどゆっくり混ぜます。

12　何も塗らないシフォン型に入れて焼きます。

13　焼きあがったら逆さまにして冷まし、完全に冷めたら型からはずします。

## 材料

|  | 20cm | 17cm |  |
|---|---|---|---|
| **A** | 100g | 60g | 卵黄 |
|  | 50g | 30g | キャソナード |
|  | 65g | 40g | ピーナッツオイル |
|  | 10g | 6g | ミルクパウダー（乳脂肪分26%） |
|  | 70g | 42g | 牛乳 |
|  | 0.8g (10滴) | 0.5g (7滴) | バニラエッセンス |
| **B** | 210g | 126g | 卵白 |
|  | 45g | 27g | グラニュー糖 a |
|  | 45g | 27g | グラニュー糖 b |
| **C** | 120g | 72g | フランス粉 |
|  | 2.4g | 1.4g | ベーキングパウダー |
|  | 8.3g | 5g | シナモンパウダー |

※シナモンが多く入るとメレンゲの泡が消えやすいので、卵白の量を少し多めにしてあります。

## 焼き時間

**20cm型**
- ガスオーブン：170℃で約25分 ➡ 160℃で約13分
- 電子レンジオーブン：予熱200℃/180℃で約25分 ➡ 170℃で約15分

**17cm型**
- ガスオーブン：170℃で約20分 ➡ 160℃で約8分
- 電子レンジオーブン：予熱200℃/180℃で約20分 ➡ 170℃で約10分

cinnamon chiffon cake

62 tea chiffon cake

# 紅茶
tea chiffon cake

紅茶はアールグレイを使います。他の紅茶ですと、焼く時に香りが飛んでしまいます。ここではミルクパウダーを他のシフォンケーキの時より多めに入れてコクをだし、紅茶の味わいをひきたたせます。

※アールグレイの茶葉の粉末を入れると焼いている時に生地の水分を吸ってぱさついてしまうので、粉末は5gにし、あとは濃いめに煮出したミルクティーで紅茶の風味を生かします。

## 材料

| | 20cm | 17cm | |
|---|---|---|---|
| **A** | 100g | 60g | 卵黄 |
| | 50g | 30g | キャソナード |
| | 65g | 40g | ピーナッツオイル |
| | 15g | 9g | ミルクパウダー(乳脂肪分26%) |
| | 75g | 45g | 煮出しミルクティー★ |
| | 1g (13滴) | 0.6g (8滴) | バニラエッセンス a |
| **B** | 200g | 120g | 卵白 |
| | 45g | 27g | グラニュー糖 a |
| | 40g | 24g | グラニュー糖 b |
| **C** | 120g | 72g | フランス粉 |
| | 2.4g | 1.4g | ベーキングパウダー |
| | 5g | 3g | アールグレイの茶葉 a |

★煮出しミルクティー（本体と仕上げ用両方含む）

| 20cm | 17cm | |
|---|---|---|
| 260g | 156g | 牛乳 a |
| 15g | 9g | アールグレイの茶葉 b |

★煮出しミルクティー（本体のみの場合）

| 20cm | 17cm | |
|---|---|---|
| 120g | 72g | 牛乳 b |
| 6g | 3.6g | アールグレイの茶葉 c |

仕上げ用
紅茶とチョコレートの生クリーム（➡P.84参照）

| 20cm | 17cm | |
|---|---|---|
| 87g | 52g | 煮出しミルクティー★ |
| 120g | 72g | ミルクチョコレート(ラクテ・エクストラ・カカオ分37%) |
| 0.3g (4滴) | 0.2g (2滴) | バニラエッセンス b |
| 120g | 72g | 生クリーム（乳脂肪分42%） |

## 焼き時間

**20cm型**
- ガスオーブン：170℃で約20分 ➡ 160℃で約17分
- 電子レンジオーブン：予熱200℃/180℃で約20分 ➡ 170℃で約20分

**17cm型**
- ガスオーブン：170℃で約20分 ➡ 160℃で約8分
- 電子レンジオーブン：予熱200℃/180℃で約20分 ➡ 170℃で約10分

## つくり方

**下準備**

**1** アールグレイの茶葉aはかたい茎の部分を取り除き、ミルサーまたはすり鉢で細かく粉砕します。荒いざるで漉したら、ふるっておいた粉と軽く混ぜておきます。

**2** 煮出しミルクティーをつくります。手つき鍋に牛乳とアールグレイの茶葉を入れ、1分煮出します。

**3** 鍋を火からおろし、フタをして5分蒸らします。

**4** 3をこし器で漉します。漉す時に葉をスプーンで強く押します。

**5** 氷水を入れたボウルの上で冷やします。

**A**

**6** 手つき中ボウルに卵黄、キャソナードを入れ、ハンドミキサーにビーターを1本つけ、速度3番で1分30秒泡立てます。

**7** ピーナッツオイルを4回に分けて加えます。1回加えるごとに速度3番で30秒混ぜます。

**8** ミルクパウダーを加え、速度1番で10秒混ぜます。

**9** 5の煮出しミルクティーを3回に分けて加えます。1回加えるごとに速度1番で20秒混ぜます。

**10** バニラエッセンスaを加えます。

**B**

**11** メレンゲをつくります。深大ボウルごと冷蔵庫に入れて10℃に冷やしておいた卵白に、グラニュー糖aを加え、ハンドミキサーにビーターを2本つけ、速度2番で1分、速度3番で2分、グラニュー糖bを加えてさらに1分泡立てます。

**12** Aにメレンゲの1/6量を加え、ホイッパー(小)で【すくいあげ】で混ぜます。

**13** 残り5/6量のメレンゲを24cmボウルに移し替えます。12を一度に加え、【エキュモワール】で混ぜます。

**C**

**14** 80%ほど混ざったら、次に粉を5〜6回に分けて加え、10秒に10回の速さで混ぜます。80%ほど混ざり、少し粉が残っているうちに次の粉を加えます。

**15** 粉がほぼ見えなくなったら、ボウルの内側をゴムべらで払い、さらに30〜35回ほどゆっくり混ぜます。

**16** 何も塗らないシフォン型に入れて焼きます。

**17** 焼きあがったら逆さまにして冷まし、完全に冷めたら型からはずします。

**仕上げ**

**18** 生クリーム(→P.84参照)をつくり、デコレーション(→P.86参照)します。

# ジンジャー
ginger chiffon cake

# ジンジャー
## ginger chiffon cake

生姜とレモンとアーモンドのハーモニーが意外で新鮮なおいしさです。冬に食べると、生姜の効果で身体がポカポカにあたたまります。

## 材料

| | 20cm | 17cm | |
|---|---|---|---|
| **A** | 90g | 54g | 卵黄 |
| | 42g | 25g | グラニュー糖 a |
| | 55g | 33g | ピーナッツオイル |
| | 8g | 5g | ミルクパウダー（乳脂肪分26%） |
| | 55g | 33g | 牛乳 |
| | 約1/2個分 | 約1/3個分 | レモンの皮のすりおろし |
| **B** | 185g | 110g | 卵白 |
| | 42g | 25g | グラニュー糖 b |
| | 38g | 23g | グラニュー糖 c |
| **C** | 85g | 50g | フランス粉 |
| | 2g | 1.2g | ベーキングパウダー |
| | 20g | 12g | アーモンドパウダー |
| | 100g | 60g | 生姜の砂糖煮 |

### 仕上げ用
### レモン風味のグラス

| 20cm | 17cm | |
|---|---|---|
| 100g | 60g | 粉糖 |
| 20g | 12g | レモン汁 |

## 焼き時間

**20cm型**
- ガスオーブン：170℃で約20分 ➡ 160℃で約15分
- 電子レンジオーブン：予熱200℃/180℃で約20分 ➡ 170℃で約18分

**17cm型**
- ガスオーブン：170℃で約20分 ➡ 160℃で約6分
- 電子レンジオーブン：予熱200℃/180℃で約20分 ➡ 170℃で約8分

## つくり方

**下準備**

**1** フランス粉、ベーキングパウダーは合わせてふるい、アーモンドパウダーを入れて軽く混ぜておきます。

**2** レモンの皮は黄色い部分だけをすりおろし、グラニュー糖（分量外）ひとつまみを加え、パレットナイフで少し水分がでてくるまですり合わせておきます。これによってレモンの香りがさらによくなります。

**3** 生姜の砂糖煮は3～4mm角に切っておきます。

**A 4** 手つき中ボウルに卵黄、グラニュー糖aを入れ、ハンドミキサーにビーターを1本つけ、速度3番で1分30秒泡立てます。

**5** ピーナッツオイルを4回に分けて加えます。1回加えるごとに速度3番で30秒混ぜます。

**6** ミルクパウダーを加え、速度1番で10秒混ぜます。

**7** 牛乳を2回に分けて加えます。1回加えるごとに速度1番で20秒混ぜます。

**8** 2のレモンの皮のすりおろしを加え、速度1番で10秒混ぜます。

**B** **9** メレンゲをつくります。深大ボウルごと冷蔵庫に入れて10℃に冷やしておいた卵白に、グラニュー糖bを加え、ハンドミキサーにビーターを2本つけ、速度2番で1分、速度3番で2分、グラニュー糖cを加えてさらに1分泡立てます。

**10** **A**にメレンゲの1/6量を加え、ホイッパー（小）で【すくいあげ】で混ぜます。

**11** 残り5/6量のメレンゲを24cmボウルに移し替えます。10を一度に加え、【エキュモワール】で混ぜます。

**C** **12** 80％ほど混ざったら、次に粉を5〜6回に分けて加え、10秒に10回の速さで混ぜます。80％ほど混ざり、少し粉が残っているうちに次の粉を加えます。

**13** 粉がほぼ見えなくなったら、ボウルの内側をゴムべらで払い、さらに25〜30回ほどゆっくり混ぜます。

**14** 3の生姜の砂糖煮を2回に分けて加え混ぜます。1回目は半量を加えて5回ほど混ぜ、2回目は残り半量を加えて10回ほど混ぜます。

**15** 混ぜおわりの状態です。

**16** 何も塗らないシフォン型に入れて焼きます。

**17** 焼きあがったら逆さまにして冷まし、完全に冷めたらゆっくり型からはずします。

**仕上げ** **18** グラスをつくります。ボウルに粉糖とレモン汁を入れ、木べらでよく練り合わせます。

**19** 木べらを使って、線を描くようにシフォンケーキ全体にグラスを垂らします。30分〜1時間ほどそのままにしてグラスを乾かします。

ginger chiffon cake 67

# パーティーシフォンケーキ

ボリューム感たっぷりのシフォンケーキは、パーティーなど大人数で食べるのにもピッタリです。ここでは、切り口にいろんな表情があって楽しいマーブルシフォンケーキや、きれいにデコレーションしてクリスマス用に仕上げたシフォンケーキ、また講習会の時にバレンタインのプレゼントとして人気が高かったチョコレートシフォンケーキを紹介します。

# チョコレート
chocolate chiffon cake

チョコレートの印象を強くするためにココアも入っています。他のシフォンケーキよりメレンゲの泡が消えやすいため、最初のグラニュー糖を多くして泡に強さをだしています。

# チョコレート
## chocolate chiffon cake

※ポイントは、粉を加えて混ぜる時に、他のシフォンケーキを混ぜる時より少しゆっくり混ぜること。それから卵黄や卵白が冷たいと、溶かしたチョコレートと合わせた時に生地がしまってしまい、メレンゲが消えてしまうので、冷たすぎないよう、15℃ぐらいにしておきます。チョコレートやココアがかなり入っていると、生地が重くなりやすいので、薄力粉で少し軽さをだしています。

### 材料

|   | 20cm | 17cm |   |
|---|---|---|---|
|   | 100g | 60g | 卵黄 |
|   | 50g | 30g | グラニュー糖 a |
|   | 55g | 33g | ピーナッツオイル |
| A | 10g | 6g | ミルクパウダー（乳脂肪分26%） |
|   | 25g | 15g | スイートチョコレートa（スーパー・ゲアキル・カカオ分64%） |
|   | 58g | 35g | 牛乳 |
|   | 1.2g (15滴) | 0.7g (9滴) | バニラエッセンス |
| B | 215g | 130g | 卵白 |
|   | 60g | 36g | グラニュー糖 b |
|   | 23g | 14g | グラニュー糖 c |
| C | 50g | 30g | フランス粉 |
|   | 50g | 30g | 薄力粉（スーパーバイオレット） |
|   | 15g | 9g | ココアパウダー |
|   | 6.6g | 4g | ベーキングパウダー |
|   | 115g | 70g | スイートチョコレートb（スーパー・ゲアキル・カカオ分64%） |

**仕上げ用 コーティング用チョコレート**

| 20cm | 17cm |   |
|---|---|---|
| 150g | 100g | スイートチョコレートc★（スーパー・ゲアキル・カカオ分64%） |
| 150g | 100g | 上がけ用スイート★（パータ・グラッセ・ブリュンヌ） |

★スイートチョコレートと上がけ用スイートチョコレートを混ぜることにより、溶かして40℃ほどにしてそのまま使えます。温度調整はしなくてもよいです。ベック社のチョコレートは味、香りがしっかりと感じられます。

### 焼き時間

**20cm型**
- ガスオーブン：170℃で約30分 → 160℃で約10分
- 電子レンジオーブン：予熱200℃/180℃で約30分 → 170℃で約12分

**17cm型**
- ガスオーブン：170℃で約25分 → 160℃で約5分
- 電子レンジオーブン：予熱200℃/180℃で約25分 → 170℃で約7分

### つくり方

**下準備**

**1** フランス粉、薄力粉、ココアパウダー、ベーキングパウダーは合わせてふるっておきます。

**2** ボウルにスイートチョコレートaを入れ、45℃くらいのお湯をはった手つき鍋の上におき、湯せんで溶かし、35℃くらいになるように調整しておきます。

**3** スイートチョコレートbは3mm角に切っておきます。

**A**

**4** 手つき中ボウルに卵黄、グラニュー糖aを入れ、ハンドミキサーにビーターを1本つけ、速度3番で1分30秒泡立てます。

**5** ピーナッツオイルを4回に分けて加えます。1回加えるごとに速度3番で30秒混ぜます。

**6** ミルクパウダーを加え、速度1番で10秒混ぜます。

**7** 2のスイートチョコレートaを加え、速度1番で20秒混ぜます。

**8** 牛乳を3回に分けて加えます。1回加えるごとに速度1番で20秒混ぜます。

**9** バニラエッセンスを加えます。

**B** **10** メレンゲをつくります。深大ボウルに卵白を入れ、グラニュー糖bを加え、ハンドミキサーにビーターを2本つけ、速度2番で1分、速度3番で2分、グラニュー糖cを加えてさらに1分泡立てます。

**11** Aにメレンゲの1/6量を加え、ホイッパー（小）で【すくいあげ】で混ぜます。

**12** 残り5/6量のメレンゲを24cmボウルに移し替えます。11を一度に加え、【エキュモワール】で混ぜます。

**C** **13** 80％ほど混ざったら、次に粉を5〜6回に分けて加え、10秒に10回の速さで混ぜます。80％ほど混ざり、少し粉が残っているうちに次の粉を加えます。

**14** 粉がほぼ見えなくなったら、ボウルの内側をゴムべらで払い、さらに25〜30回ほどゆっくり混ぜます。

**15** 3のスイートチョコレートbを2回に分けて加えます。1回目は半量を加えて5回ほど混ぜ、2回目は残り半量を加えて10回ほど混ぜます。生地のゆるさは他のシフォンケーキよりも少しだけ流れだす状態です。

**16** 混ぜおわりの状態です。

**17** 何も塗らないシフォン型に入れて焼きます。

**18** 焼きあがったら逆さまにして冷まし、完全に冷めたらゆっくり型からはずします。

**仕上げ** **19** スイートチョコレートcと上がけ用スイートはそれぞれ5〜6mmに刻んでおきます。

**20** ボウルに19のチョコレートを入れ、45℃くらいのお湯をはった手つき鍋の上におき、湯せんで溶かし、40〜43℃くらいになるように調整しておきます。

**21** 20を上から流すようにかけます。

chocolate chiffon cake

# マーブル
marble chiffon cake

ココア生地を混ぜてマーブル模様に焼きあげました。チョコレートでは重すぎてシフォンケーキの場合は生地のバランスがくずれてしまいます。ココアで黒い生地をつくります。アーモンドパウダーを入れることにより、味に深みをだしました。

※マーブル模様はしっかりと混ぜれば細かく複雑に、さっと混ぜれば大きく素朴なものになります。ココアと混ぜる時は、他のものより泡が消えやすいので、いつもより、少しだけゆっくりと混ぜます。

## 材料

| | 20cm | 17cm | |
|---|---|---|---|
| A | 90g | 54g | 卵黄 |
| | 50g | 30g | グラニュー糖 a |
| | 60g | 36g | ピーナッツオイル |
| | 11g | 7g | ミルクパウダー(乳脂肪分26%) |
| | 62g | 37g | 牛乳a |
| | 1.2g(15滴) | 0.7g(9滴) | バニラエッセンス |
| | 20g | 12g | ココアパウダー |
| | 10g | 6g | グラニュー糖 b |
| | 43g | 26g | 牛乳b |
| B | 180g | 108g | 卵白 |
| | 55g | 33g | グラニュー糖 c |
| | 45g | 27g | グラニュー糖 d |
| C | 90g | 54g | フランス粉 |
| | 2.4g | 1.4g | ベーキングパウダー |
| | 30g | 18g | アーモンドパウダー |

## 焼き時間

**20cm型**
- ガスオーブン　170℃で約25分 ➡ 160℃で約15分
- 電子レンジオーブン　予熱200℃/180℃で約25分 ➡ 170℃で約17分

**17cm型**
- ガスオーブン　170℃で約20分 ➡ 160℃で約10分
- 電子レンジオーブン　予熱200℃/180℃で約20分 ➡ 170℃で約12分

## つくり方

**下準備** 1 フランス粉、ベーキングパウダーは合わせてふるい、アーモンドパウダーを入れて軽く混ぜておきます。

**A** 2 手つき中ボウルに卵黄、グラニュー糖aを入れ、ハンドミキサーにビーターを1本つけ、速度3番で1分30秒泡立てます。

3 ピーナッツオイルを4回に分けて加えます。1回加えるごとに30秒混ぜます。

4 ミルクパウダーを加え、速度1番で10秒混ぜます。

5 牛乳aを3回に分けて加えます。1回加えるごとに速度1番で20秒混ぜます。

6 バニラエッセンスを加えます。

7 ココアパウダーとグラニュー糖bをよく混ぜ、その中に牛乳bを加えて、よく溶きます。早くからつくってしまうと、かたくしまってしまうことがあります。

**B** 8 メレンゲをつくります。深大ボウルごと冷蔵庫に入れて10℃に冷やしておいた卵白に、グラニュー糖cを加え、ハンドミキサーにビーターを2本つけ、速度2番で1分、速度3番で2分、グラニュー糖dを加えてさらに1分泡立てます。

9 Aにメレンゲの1/6量を加え、ホイッパー（小）で【すくいあげ】で混ぜます。

10 残り5/6量のメレンゲを24cmボウルに移し替えます。9を一度に加え、【エキュモワール】で混ぜます。

**C** 11 80%ほど混ざったら、次に粉を5～6回に分けて加え、10秒に10回の速さで混ぜます。80%ほど混ざり、少し粉が残っているうちに次の粉を加えます。

12 粉がほぼ見えなくなったら、ボウルの内側をゴムべらで払い、さらに20回ほどゆっくり混ぜます。

13 12の1/4量を7に入れ、全体がココア色になるまでゴムべらでよく混ぜます。泡は消えやすいのでゆっくりと混ぜます。

14 12の残りを10回ほど混ぜ、13のココア生地をゴムべらですくい、4ヶ所に分けて入れます。

15 ゴムべらを使って数カ所を切るように混ぜます。

16 何も塗らないシフォン型に入れて焼きます。

17 焼きあがったら逆さまにして冷まし、完全に冷めたらゆっくり型からはずします。

marble chiffon cake

# クリスマス
## christmas chiffon cake

オレンジシフォンより少しほのかなオレンジ風味のシフォンにして、ホワイトチョコレートの入った生クリームと、キルシュ（さくらんぼのリキュール）で風味をつけた生クリームでデコレーションします。

## 材料

| 20cm | 17cm | |
|---|---|---|
| 100g | 60g | 卵黄 |
| 50g | 30g | グラニュー糖a |
| 65g | 40g | ピーナッツオイル |
| 10g | 6g | ミルクパウダー(乳脂肪分26%) |
| 70g | 42g | 牛乳 |
| 10g | 6g | コンパウンド・オレンジ |
| 0.5g (7滴) | 0.3g (4滴) | バニラエッセンス |
| 190g | 115g | 卵白 |
| 45g | 27g | グラニュー糖b |
| 40g | 24g | グラニュー糖c |
| 120g | 72g | フランス粉 |
| 2.4g | 1.4g | ベーキングパウダー |

A：卵黄～バニラエッセンス
B：卵白～グラニュー糖c
C：フランス粉～ベーキングパウダー

### 仕上げ用
**ホワイトチョコの生クリーム**（→P.84参照）

| 20cm | 17cm | |
|---|---|---|
| 75g | 45g | ホワイトチョコレートa (イヴォワール・カカオ分31%) |
| 150g | 90g | 生クリームa (乳脂肪分42%) |

**生クリーム**（→P.83参照）

| 20cm | 17cm | |
|---|---|---|
| 300g | 200g | 生クリームb (乳脂肪分42%) |
| 30g | 18g | グラニュー糖d |
| 5g | 3g | キルシュ |

**ホワイトチョコレートのコポー**（→P.87参照）

| 適量 | ホワイトチョコレートb (イヴォワール・カカオ分31%) |
|---|---|

| 適宜 | クリスマス用オーナメント |
|---|---|

## 焼き時間

**20cm型**
- ガスオーブン：170℃で約20分 → 160℃で約20分
- 電子レンジオーブン：予熱200℃/180℃で約20分 → 170℃で約22分

**17cm型**
- ガスオーブン：170℃で約20分 → 160℃で約10分
- 電子レンジオーブン：予熱200℃/180℃で約20分 → 170℃で約12分

## つくり方

**A**

1 手つき中ボウルに卵黄、グラニュー糖aを入れ、ハンドミキサーにビーターを1本つけ、速度3番で1分30秒泡立てます。

2 ピーナッツオイルを4回に分けて加えます。1回加えるごとに速度3番で30秒混ぜます。

3 ミルクパウダーを加え、速度1番で10秒混ぜます。

4 牛乳を3回に分けて加えます。1回加えるごとに速度1番で20秒混ぜます。

5 コンパウンド・オレンジにゴムべらで少しすくった4を混ぜ、よくのばしてから4に戻し加えます。

6 バニラエッセンスを加えます。

**B**

7 メレンゲをつくります。深大ボウルごと冷蔵庫に入れて10℃に冷やしておいた卵白に、グラニュー糖bを加え、ハンドミキサーにビーターを2本つけ、速度2番で1分、速度3番で2分、グラニュー糖cを加えてさらに1分泡立てます。

8 Aにメレンゲの1/6量を加え、ホイッパー（小）で【すくいあげ】で混ぜます。

9 残り5/6量のメレンゲを24cmボウルに移し替えます。8を一度に加え、【エキュモワール】で混ぜます。

**C**

10 80%ほど混ざったら、次に粉を5～6回に分けて加え、10秒に10回の速さで混ぜます。80%ほど混ざり、少し粉が残っているうちに次の粉を加えます。

11 粉がほぼ見えなくなったら、ボウルの内側をゴムべらで払い、さらに25～30回ほどゆっくり混ぜます。

12 何も塗らないシフォン型に入れて焼きます。

13 焼きあがったら逆さまにして冷まし、完全に冷めたらゆっくり型からはずします。

**仕上げ**

14 生クリーム（→P.83、84参照）をつくり、デコレーション（→P.87参照）します。

※切り口の感じはプレーンシフォンを参考にしてください。

christmas chiffon cake

# 塩味のシフォンケーキ

ミネラル豊富なフランス産ゲランドの塩を使った、まったく砂糖の入らないシフォンケーキです。ケーキというよりは、ちょっとお惣菜に近い感覚で、イル・プルーでは朝食に食べるシフォンケーキとして人気があります。トーストして温かくして食べるのもおすすめです。

# ベーコンとピーマン
bacon & paprika chiffon cake

# ベーコンとピーマン
bacon & paprika chiffon cake

## 材料

| | 20cm | 17cm | |
|---|---|---|---|
| A | 120g | 72g | 卵黄 |
| | 2g | 1.2g | 塩 |
| | 65g | 40g | オリーブオイル |
| | 12g | 7g | ミルクパウダー(乳脂肪分26%) |
| | 70g | 42g | 牛乳 |
| B | 250g | 150g | 卵白 |
| | 4g | 3g | レモン汁 |
| C | 140g | 85g | フランス粉 |
| | 6g | 3.6g | ベーキングパウダー |
| | 110g | 65g | ベーコン★ |
| | 75g(約½個) | 45g(約⅓個) | パプリカ(赤) |
| | 33g(約小1½個) | 20g(約小1個) | ピーマン(緑) |
| | 75g(約½個) | 45g(約⅓個) | たまねぎ |

★ベーコンの外側の皮がかたい場合は、取り除いて必要な分量になるようにします。
★野菜の個数はだいたいの目安です。

## 焼き時間

**20cm型**
- ガスオーブン 170℃で約40分
- 電子レンジオーブン 予熱200℃/180℃で約42分

**17cm型**
- ガスオーブン 170℃で約30分
- 電子レンジオーブン 予熱200℃/180℃で約32分

## つくり方

**下準備**

**1** ベーコンは5mm角に切っておきます。

**2** パプリカ(赤)、ピーマン(緑)はそれぞれ5mm角に切っておきます。たまねぎはみじん切りにしておきます。

**3** ボウルに1、2を合わせておきます。

**A**

**4** 手つき中ボウルに卵黄、塩を入れます。

**5** ハンドミキサーにビーターを1本つけ、速度3番で1分泡立てます。

**6** オリーブオイルをスプーンで1〜2滴ずつ、5に加えます。

**7** 卵黄と乳化しているか確かめながら速度3番で30秒混ぜます。これを数回繰り返します。

**8** ¼量ほど加えたら、残りは4〜5回に分けて加えます。1回加えるごとに速度3番で30秒混ぜます。

**9** オイルを全部入れおわった状態です。

**10** ミルクパウダーを加えて速度1番で10秒混ぜます。

**11** 牛乳を3回に分けて加え、1回加えるごとに20秒混ぜます。

**B** **12** メレンゲをつくります。深大ボウルごと冷蔵庫に入れて10℃に冷やしておいた卵白に、レモン汁を加えます。

**13** ハンドミキサーにビーターを2本つけ、速度2番で1分、速度3番にして2分泡立てます。

**14** Aにメレンゲの1/6量を加え、ホイッパー（小）で【すくいあげ】で混ぜます。

**15** 残り5/6量のメレンゲを24cmボウルに移し替えます。14を一度に加え、【エキュモワール】で混ぜます。

**C** **16** 80％ほど混ざったら次に粉を5〜6回に分けて加え、10秒に10回の速さで混ぜていきます。80％ほど混ざり、少し粉が残っているうちに次の粉を加えます。

**17** 粉がほぼ見えなくなったら、ボウルの内側をゴムべらで払い、さらに25〜30回ほどゆっくり混ぜます。

**18** 17に3を2回に分けて加えます。1回目は半量を加えて5回ほど混ぜます。

**A** **19** 2回目は残り半量を加えて10回ほど混ぜます。混ぜおわりの状態です。

**20** 何も塗らないシフォン型に入れて焼きます。

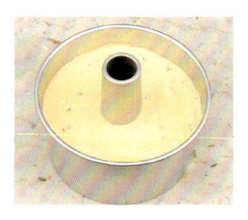

**21** 焼きあがったら逆さまにして冷まし、完全に冷めたらゆっくり型からはずします。

※卵黄にオイルを混ぜる時は、マヨネーズをつくる時の要領で、注意深く少しずつオイルを加えて混ぜ、十分にクリーミーな状態に乳化させます。ここでオイルをよく混ぜておかないと、あとで水分を加えた時に分離してしまうことがあります。オイルは中に入る具と全体の味わいを引き立ててくれるオリーブオイルを使っています。卵白は砂糖が入らない場合、泡が消えやすくなります。レモン汁（または酢）を少量加えることにより、卵白のたんぱく質が酸により、化学的に変化し、凝固して泡が強くなります。

bacon & paprika chiffon cake

## エルブ・ドゥ・プロヴァンス とチーズ
### herb of provence & cheese chiffon cake

エルブ・ドゥ・プロヴァンスとチーズはとてもよく合います。チーズは味の強いエダムチーズを使います。

※市販されている香辛料の「エルブ・ドゥ・プロヴァンス」を使います。これは、南フランス・プロヴァンス地方のハーブを数種類合わせたもので、ローズマリー、タイム、バジル、セージなどが入っています。

## 材料

| | 20cm | 17cm | |
|---|---|---|---|
| A | 120g | 72g | 卵黄 |
| | 0.4g | 0.2g | 塩 |
| | 65g | 40g | オリーブオイル |
| | 12g | 7g | ミルクパウダー（乳脂肪分26%） |
| | 70g | 42g | 牛乳 |
| B | 250g | 150g | 卵白 |
| | 4g | 2g | レモン汁 |
| C | 140g | 84g | フランス粉 |
| | 6g | 3.6g | ベーキングパウダー |
| | 3g | 1.8g | エルブ・ドゥ・プロヴァンス |
| | 0.5g | 0.3g | 黒こしょう |
| | 30g | 18g | ドライトマト |
| | 7g | 4g | 白ワイン |
| | 85g | 50g | ベーコン★ |
| | 90g | 54g | エダムチーズ |
| | 75g (約1/2個) | 45g (約1/3個) | たまねぎ |

★ベーコンの外側の皮がかたい場合は、取り除いて必要な分量になるようにします。
★野菜の個数はだいたいの目安です。

## 焼き時間

**20cm型**
- ガスオーブン：170℃で約40分
- 電子レンジオーブン：予熱200℃/180℃で約42分

**17cm型**
- ガスオーブン：170℃で約30分
- 電子レンジオーブン：予熱200℃/180℃で約32分

## つくり方

**下準備**

**1** フランス粉とベーキングパウダーは合わせてふるってから、エルブ・ドゥ・プロヴァンスと挽いた黒こしょうを加え、軽く混ぜておきます。

**2** ドライトマトは3mm角に切り、白ワインをまぶして2時間以上おいておきます。ドライトマトはそのまま入れるとやわらかい生地の中では唐突なかたさになってしまうので、ワインをまぶしてしっとり感を与えます。

**3** ベーコン、エダムチーズはそれぞれ5mm角に、たまねぎはみじん切りにしておきます。

**4** ボウルに**2**、**3**を合わせておきます。

**A 5** 手つき中ボウルに卵黄、塩を入れ、ハンドミキサーにビーターを1本つけ、速度3番で1分泡立てます。

**6** オリーブオイルを少しずつ加えながら混ぜていきます。はじめは1～2滴ずつ、卵黄と乳化しているか確かめながら加え、速度3番で30秒混ぜます。1/4量ほど加えたら、残りは4～5回に分けて加え、1回加えるごとに速度3番で30秒混ぜます。

**7** ミルクパウダーを加え、速度1番で10秒混ぜます。

**8** 牛乳を2回に分けて加えます。1回加えるごとに速度1番で20秒混ぜます。

**B 9** メレンゲをつくります。深大ボウルごと冷蔵庫に入れて10℃に冷やしておいた卵白に、レモン汁を加え、ハンドミキサーにビーターを2本つけ、速度2番で1分、速度3番にして2分泡立てます。

**10** **A**にメレンゲの1/6量を加え、ホイッパー（小）で【すくいあげ】で混ぜます。

**11** 残り5/6量のメレンゲを24cmボウルに移し替え、**10**を一度に加え、【エキュモワール】で混ぜます。

**C 12** 80%ほど混ざったら、次に粉を5～6回に分けて加え、10秒に10回の速さで混ぜていきます。80%ほど混ざり、少し粉が残っているうちに次の粉を加えます。

**13** 粉がほぼ見えなくなったら、ボウルの内側をゴムべらで払い、さらに25～30回ほどゆっくり混ぜます。

**14** **13**に**4**を2回に分けて加え混ぜます。1回目は半量を加えて5回ほど混ぜ、2回目は残り半量を加えて10回ほど混ぜます。

**15** 混ぜおわりの状態です。

**16** 何も塗らないシフォン型に入れて焼きます。

**17** 焼きあがったら逆さまにして冷まし、完全に冷めたらゆっくり型からはずします。

herb of provence & cheese chiffon cake

さらにワンランク上のシフォンケーキのために・デコレーションのためのソースとクリーム

# SAUCE & CREAM for decoration

クリームやソースを添えることで、いつもより華やかに、楽しいシフォンケーキになります。

## ソースいろいろ

### ラズベリー

ヨーロッパ産の冷凍ラズベリーを使ったさわやかな酸味のきいたソースです。

**材料**

| 20cm | 17cm | |
|---|---|---|
| 15g | 10g | 水 |
| 4g | 2g | コーンスターチ |
| 100g | 60g | 冷凍ホールのラズベリー |
| 50g | 30g | グラニュー糖 |
| 10g | 6g | ラズベリーのリキュール |

冷凍ホールのラズベリーは解凍しておきます。

**つくり方**

1 手つき鍋に水とコーンスターチを入れてよく混ぜます。

2 1にラズベリーとグラニュー糖を入れて火にかけ、沸騰したら弱火にして1分ほど煮ます。

3 粗熱がとれたらラズベリーのリキュールを加えます。

4 氷水を入れたボウルの上で冷まします。

### ブルーベリー

フランス産の美味しいピューレを使ったソースです。

**材料**

| 20cm | 17cm | |
|---|---|---|
| 50g | 30g | 水 |
| 4g | 2g | コーンスターチ |
| 50g | 30g | ブルーベリーピューレ |
| 25g | 15g | グラニュー糖 |

**つくり方**

1 手つき鍋に水とコーンスターチを入れてよく混ぜます。

2 1にブルーベリーピューレとグラニュー糖を入れて火にかけ、沸騰したら弱火にして1分ほど煮ます。

3 氷水をいれたボウルの上で冷まします。

*つくり方の要領は、ラズベリーソースと同様です。
*17cmで量が少なくなった場合は、ソースがかたくなりやすいので、コーンスターチの量は少なめにしてあります。

### ごま入り黒糖ハチミツソース

ごまのシフォンケーキに添えたい黒糖とハチミツのソースです。

**材料**

| 20cm | 17cm | |
|---|---|---|
| 60g | 36g | 黒糖 |
| 60g | 36g | グラニュー糖 |
| 50g | 30g | 水 |
| 45g | 27g | ハチミツ（菩提樹） |
| 25g | 15g | いりごま（白） |

**つくり方**

1 手つき鍋に黒糖、グラニュー糖、水を入れ火にかけます。

2 黒糖とグラニュー糖が溶けたらハチミツを加えて冷まします。

3 2にすったいりごま（白）を加え混ぜます。

## 基本の生クリーム

イル・プルーのシフォンケーキは、そのままで十分味わい深いおいしさがありますが、種類によってはクリームを添えると、より一層おいしさが引き立つものもあります。ここではブルーベリーシフォンケーキに添える生クリームで、基本のつくり方を紹介します。

＊「オレンジ」はバニラエッセンスのかわりにオレンジキュラソー、「クリスマス」はキルシュが入ります。クリームの色味は基本の生クリームに似ています。

### 材料

| 20cm | 17cm | |
|---|---|---|
| 200g | 120g | 生クリーム（乳脂肪分42％） |
| 20g | 12g | グラニュー糖 |
| 0.3g（4滴） | 0.2g（3滴） | バニラエッセンス |

### つくり方

**1** 氷水の入ったボウルの上で、生クリームをホイッパーで6分立てにします。

**2** 1にグラニュー糖、バニラエッセンスを加えます。

**3** 7分立てにしてできあがりです。

＊6分立てまではハンドミキサーで泡立ててもよいです。

## 生クリームバリエーション

基本の生クリームの工程2で加えるものによって、いろいろな生クリームができます。分量は各レシピのページを参照してください。

### くり
スペイン産のマロンペーストは栗の味わいをさらに豊かにしてくれます。

### くるみ
トスキノチェロとキャソナードがコクのあるくるみの味をひきたてます。

### バナナ
バナナクリーム（リキュール）で香りをつけます。

### 抹茶
抹茶をたっぷり入れた、風味豊かなクリームです。

## チョコレートの入った生クリーム

チョコレートと生クリームは相性抜群。温度調整に気を配る必要がありますが、ここでは比較的簡単につくれるクリームを紹介します。

ホワイトチョコ　　　紅茶とチョコ

### ホワイトチョコレートの生クリーム

#### 材料

| 20cm | 17cm | |
|---|---|---|
| 150g | 90g | 生クリーム（乳脂肪分42％） |
| 75g | 45g | ホワイトチョコレート（イヴォワール・カカオ分31％） |

#### つくり方

1　手つき鍋に生クリームを入れ、80℃に温めます。

2　細かく刻んだホワイトチョコレートに1を加えます。

3　ホイッパーで【円】で混ぜながら、10℃になるまで冷やします。

4　氷水の入ったボウルの上で、7分立てに泡立てます。

### 紅茶とチョコレートの生クリーム

#### 材料

| 20cm | 17cm | |
|---|---|---|
| 87g | 52g | 煮出しミルクティー（→P.64参照） |
| 120g | 72g | ミルクチョコレート（ラクテ・エクストラ・カカオ分37％） |
| 0.3g (4滴) | 0.2g (3滴) | バニラエッセンス |
| 120g | 72g | 生クリーム（乳脂肪分42％） |

#### つくり方

1　手つき鍋に煮出しミルクティーを入れ、80℃ほどに軽く沸騰させます。

2　細かく刻んだチョコレートに1を注ぎ、ホイッパーで【円】で混ぜて溶かします。混ざってから50回ほど混ぜます。バニラエッセンスを加えます。

3　ホイッパーで【円】で混ぜながら、10℃になるまで冷やします。

4　氷水の入ったボウルの上で、生クリームをホイッパーで6〜7分立てにします。

5　3を4に加えて、ホイッパーで混ぜます。

6　軽く角が立つくらいまで泡立てます。

## SAUCE & CREAM for decoration

さらにワンランク上のシフォンケーキのために・デコレーションのためのソースとクリーム

### コーヒーのバタークリーム

バタークリームにコーヒーエッセンスを加え、コーヒー味のバタークリームに仕上げています。

#### 材料

| 20cm | 17cm | |
|---|---|---|
| 52g | 30g | 卵黄 |
| 130g | 78g | グラニュー糖 |
| 43g | 26g | 水 |
| 260g | 156g | バター |
| 1g(13滴) | 0.6g(8滴) | バニラエッセンス |
| 5g | 3g | コーヒーエッセンス |

#### つくり方

**1** 手つき鍋にグラニュー糖、水を入れ、火にかけます。200℃計をさして、112〜113℃になったところで弱火にして117℃まで煮詰めます。

**2** 手つき中ボウルに卵黄を入れ、ボウルを少し斜めに傾けてホイッパーを直線に往復させ、白っぽくなるまで混ぜます。

**3** 2を手早く【円】で混ぜているところに1を紐のようにたらしながら加え、こし器で漉します。

**4** ハンドミキサーにビーターを1本つけ、速度3番で2分泡立てます。

**5** 4に、やわらかめのポマード状にしたバターを3回に分けて加えます。この時のハンドミキサーの動かし方はいつもとは逆の反時計回りで、1回加えるごとに速度2番で十分に混ぜ、次を加えます。

**6** バニラエッセンスとコーヒーエッセンスを加えます。

**7** ハンドミキサーからホイッパーに持ち替えて【円】で混ぜ、ボウルの内側をゴムべらで払い、もう一度十分に混ぜます。

### ポイント

**1 バターのちょうどよいやわらかさは？**

ポマード状バターは、早く室温に戻るように厚さ約1cmに切り、25℃くらいのところに10〜20分ほど置いて、軽く指が入る程度のやわらかさにしておきます。

**2 バターは泡立てないで混ぜるだけ！**

バターは決して泡立ててはいけません。ポマード状にやわらかくしたものをよく混ぜるだけです。空気が入ると口溶けが悪くなり、また卵黄のリッチな味も舌にのりません。

**3 バタークリームの保存期間**

バタークリームの保存は冷蔵庫で1週間ほどです。使用するときは少しボウルをガスの火であぶり、ホイッパーで少し強く混ぜて、できあがりの時のような、均一な白っぽい状態にします。しかしあまり加熱しすぎるとやわらかくなりすぎて、口溶けが悪くなるので注意しましょう。

さらにワンランク上のシフォンケーキのために・デコレーション
# DECORATION

いつものシフォンケーキも、生クリームやバタークリームでデコレーションするとパーティーの主役になります。

## コーヒー

**1** コーヒーのバタークリームを用意します。

**2** シフォンケーキを回転台にのせます。

**3** パレットナイフでケーキの上面、側面、筒の内側にコーヒーのバタークリームを塗ります。

**4** 側面、上面はケーキコームをあてて、回転台をゆっくり回し、ケーキにストライプ模様をつけます。

**5** 絞り袋に7mmの星口金をつけてクリームを入れ、ケーキを上からみて12等分になるようにバタークリームを絞ります。

**6** コーヒービーンズチョコレートを絞ったクリームの上に飾ります。

**7** 他のお菓子をつくった時にでた、あまったスポンジケーキをざるで漉して細かくし、ケーキを左手に持ち、右手で底にくずをつけていきます。

## 紅茶

**1** 7分立てにした紅茶とチョコレートの生クリームを用意します。

**2** シフォンケーキを回転台にのせます。

**3** パレットナイフでケーキの上面、側面、筒の内側に紅茶とチョコレートの生クリームを塗ります。

**4** 最後に上面、側面全体に、パレットナイフを軽く押しつけて離し、小さな角の模様をつけます。

## 羽根型のコポー

### copeaux（コポー）
コポーにはさまざまな形があり、淡い歯触りと味わいをもったお菓子には、薄い羽根型を使います。コポーで一番大事なことはチョコレートのかたさ。チョコレートに爪を立てた時、かために入る程度がよいでしょう。かたすぎると削ったコポーに小さなヒビが無数に走り、すぐに崩れて少し白っぽくなります。

### つくり方
ペティナイフはできるだけ刃の前方を持ち、チョコレートの面に対して垂直に立ててから向こう側に削ります。刃を寝かせるとチョコレートがでこぼこになります。

### 削りやすいかたさにするには
- 30℃弱の場所に30分ほど放置します。
- 電子レンジオーブンの「発酵」で15分ほど温めます。
- 少量の場合はチョコレートの表面を手のひらでこすり、削るたびに温めます。
- 弱いガスの火から30cmほど離して、削るたびに温めます。

---

## オレンジ

**1** 7分立てにした生クリームを用意します。

**2** シフォンケーキを回転台にのせます。

**3** パレットナイフでケーキの上面、側面、筒の内側に生クリームを塗ります。

**4** 最後に上面にオレンジチョコでつくった羽根型コポーをスプーンでのせていきます。

---

## クリスマス

**1** 7分立てにしたホワイトチョコの生クリームを用意します。

**2** シフォンケーキを回転台にのせます。

**3** パレットナイフでケーキの上面、側面、筒の内側に**1**を塗り、冷蔵庫で十分に冷やします。

**4** 7分立てにしたキルシュ入りの生クリームを用意します。

**5** 十分に冷やしたシフォンケーキに、**3**と同様に**4**の生クリームをパレットナイフで塗ります。

**6** パレットナイフを縦につけてそのまま上にひき、模様をつけます。

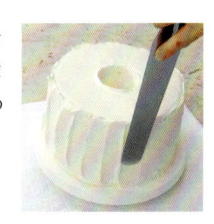

**7** 羽根型のコポーをつくってスプーンで上にのせ、お好みでクリスマス用の飾りをつけます。

# IL PLEUT SUR LA SEINE

イル・ブルー・シュル・ラ・セーヌは、フランス菓子を
「つくる」「教える」「伝える」「素材の開拓」の"4つの柱"で
支えあいながら、皆様に4つのサービスと情報を発信しています。

# BOOKS
イル・プルー・シュル・ラ・セーヌ企画刊行書籍一覧

本当のフランス菓子、料理のおいしさを知ってほしい──。
イル・プルー・シュル・ラ・セーヌ企画出版部では、これまでにない、作り手による、作り手のための本作りを目指し、初中級者向け～プロ向けまで本当においしく作れるフランス菓子・料理の本と、日本の家庭料理を立て直す「ごはんとおかずのルネサンスプロジェクト」の企画・編集・出版を手掛けています。

## おすすめ初中級者向けお菓子のレシピ本のご紹介

### 一人で学べる とびきりのおいしさのババロアズ

家庭で一人でも学べ、さらにプロ以上においしく作れるババロアのケーキのレシピ。オレンジやカシス、フランボワーズなどフルーツを使ったものから、紅茶や白ワイン、チョコレートを使ったものまで、色鮮やかなケーキが18種類。

弓田亨／椎名眞知子　共著
ＩＳＢＮ 978-4-901490-16-0
ＡＢ判　104頁
定価：本体 2,500円

### 一人で学べる ザックサックザクッ 押し寄せるおいしさのパイ

家庭で一人でも学べ、さらにプロ以上においしく作れるパイのレシピ。小さなパイやミルフイユ、食事にもなるパイなど、一つの生地から作るバリエーション豊かなラインナップ。生地から作るパイのおいしさを知ってください。

弓田亨／椎名眞知子　共著
ＩＳＢＮ 978-4-901490-17-7
ＡＢ判　104頁
定価：本体 2,500円

### 一人で学べる イル・プルーのパウンドケーキ おいしさ変幻自在

代官山のパティスリー『イル・プルー・シュル・ラ・セーヌ』の歴史を彩ってきた数々のパウンドケーキのレシピがギッシリ詰まっています。杏、いちじく、リンゴとキャラメル…。ちょっとした手土産に、パティスリーに負けないおいしさを自分の手で作ってみませんか？

弓田亨／椎名眞知子　共著
ＩＳＢＮ 978-4-901490-20-7
ＡＢ判　120頁
定価：本体 2,500円

### 一年中いつでもおいしい いろんな冷たいデザート

アイスクリームにシャーベット、パフェにプリン。ちょっと素材にこだわって、いつもよりも少しだけ丁寧に作れば、出来合いのものでは味わえない、出来たてのおいしさの感動があります。通常の本よりも、「お家で手軽に作れるように」と考えられたレシピで、初心者の方も、さらなるおいしさに出会いたい方にもおすすめです。

椎名眞知子／深堀紀子　共著
ＩＳＢＮ 978-4-901490-21-4
Ａ4変型判　120頁
定価：本体 1,800円

---

**イル・プルー・シュル・ラ・セーヌ企画　出版部**

その他、プロ向けフランス菓子、フランス料理、心と身体を健康にする日本の家庭料理「ごはんとおかずのルネサンス」シリーズ等の書籍を取り揃えております。全国書店にてお求め頂けます。詳しくはインターネット、もしくは出版部にお問合わせください。

〒150-0021　東京都渋谷区恵比寿西 1-16-8　彰和ビル 2F
Tel.03-3476-5214　Fax.03-3476-3772
http://www.ilpleut.co.jp

紀伊國屋書店他
全国有名書店にて
好評発売中！

IL PLEUT SUR LA SEINE

感動と喜びのフランス菓子を伝え続けてきた

# La Pâtisserie IL PLEUT SUR LA SEINE
## パティスリー イル・プルー・シュル・ラ・セーヌ

私どもの心からの自慢は、食べる人に感動と喜びを与えて
大のお菓子嫌いの男性をもとりこにする、孤高のおいしさです。

### 本当のフランス菓子を届けたくて

代官山「パティスリー イル・プルー・シュル・ラ・セーヌ」は、フランスとは環境も材料の質も異なる日本で、オーナーパティシエ弓田亨らが選び抜いたこだわりの材料を使い、独自の技術体系により美味孤高の思いのもとに、日本のどこにもないフランスの味を目指してきました。季節ごとに顔ぶれのかわる、素材の組み合わせが楽しいオリジナルの生菓子から、大切な方への贈り物やブライダルギフトにも最適な焼き菓子など、バラエティ豊かな品揃えです。

### ギフトにも人気の焼き菓子

開店当初からの自慢の逸品「五彩のダックワーズ」（写真）他、常に人気を誇る「塩味のクッキー」、天然素材を使った「30種のマカロン」、他にはないおいしさのパウンドケーキ、20回以上試作を経て作られた弓田亨の「昔カステラ」等、ギフトの種類も豊富。

### Salon de thé サロン・ド・テ

ティーインスペースでは、店内でしか食べられない限定のお菓子、ブランマンジェやソルベなど自慢のデザートの他、トレトゥール（お惣菜）ランチがあります。代官山旧山手通りの隠れ家的なロケーションの中で、ここだけの味をご堪能いただけます。
（写真：トゥランシュ・シャンプノワーズ）

---

フランス菓子製造販売 パティスリー イル・プルー・シュル・ラ・セーヌ

〒150-0033　東京都渋谷区猿楽町17-16　代官山フォーラム2F
TEL.03-3476-5211　FAX.03-3476-5212
営業時間 11：30～19：30　定休日　火曜（祝日の場合は翌日振替）
焼き菓子やギフトのご注文はインターネットでも受付中　http://www.ilpleut.co.jp/

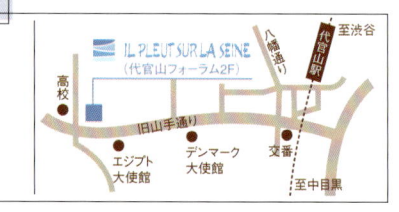

プロさえも不可能な味わいを伝えてきました

イル・ブルー・シュル・ラ・セーヌ

# 嘘と迷信のないフランス菓子・料理教室

[1988年より開講]

私たちは家庭やレストランなどの少量のお菓子づくりに
常に真実の技術と味わいを求め続けてきました。

この教室の特徴は、18年余（2006年現在）にわたる生徒さんとの実践の中で教える技術が築かれてきたことです。私たちの技術は、上手な、あるいは器用な人たちのためのものではありません。初心者やとても不器用な方々を基準として積み上げられてきた技術です。ですから、ちょっとの意欲があれば確実に短期間で驚くほどのおいしいお菓子がつくれるようになります。そして半年もすれば、多くの方が、もう自分がつくるお菓子とイル・ブルー・シュル・ラ・セーヌ以外のお菓子を食べられなくなってしまいます。教室に入る前までは、あれほどおいしいと思っていた他のお菓子が食べられなくなります。イル・ブルー・シュル・ラ・セーヌは、嘘や偽りのない、そんな教室です。

弓田亨　椎名眞知子

### ◆フランス菓子本科第1クール
**全40回112品目**
1回の授業で2〜3台のアントルメを丸ごとお一人でつくっていただきます。ご自分で工程のすべてを体感していただきます。第1クール修了者は上級コースでさらに技術を磨くことができます。

### ◆楽しく洋菓子科（旧:入門速成科）
**全20回27品目**
まったくの初心者の方でも簡単にショートケーキやモンブランがつくれるように指導します。本科同様つくったお菓子はお持ち帰りいただけます。

### ◆フランス料理
**全20回**
フランスと日本の素材の違いをふまえながら、フランス料理の基本となる調理方法やソースのつくり方を丁寧に指導。手間を惜しまない本格的なフランス料理が学べます。

この他、短期講習会や1日体験入学、無料見学なども随時受け付けております。

イル・ブルー・シュル・ラ・セーヌ　嘘と迷信のないフランス菓子・料理教室

〒150-0033　東京都渋谷区猿楽町17-16　代官山フォーラム2F
TEL.03-3476-5196　FAX.03-3476-5197
http://www.ilpleut.co.jp/

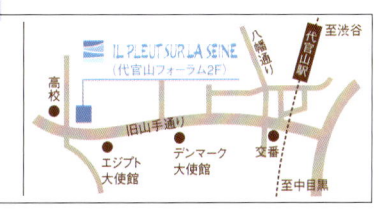

IL PLEUT SUR LA SEINE

菓子職人の目で選んだこだわりの素材を世界から

## IMPORT
製菓材料輸入販売

オーナー・パティシエ弓田亨自らが毎年フランス、スペインなどを回り、味に誠実なメーカーとの家庭的な付き合いを通じて選んだこだわりの素材を輸入販売。本物のもつしっかりとした香りと味は、お菓子の味を一段と引きたてます。

### お菓子づくりに関わる
### エキスパートとして

イル・プルーの製菓技術と知識をもった営業スタッフが、日本全国どこへでも伺います。新しいお菓子の開発や提案など、「もっとおいしいお菓子をつくりたい」皆様のご要望にお応えします。

私どもがまったく無の状態からヨーロッパの秀逸な素材を捜し始めたのが1994年のことです。多くのお菓子屋さんのご支持のおかげで、取扱商品もかなり豊富になりました。私どもが集めてまいりました素材の多くは、私のお菓子づくり人生のすべての経験と知識、そして執念を持って現地に足を運び捜したものであり、その味わいの豊かさは、正に抜きんでたものであると自負しております。とりわけ、スペイン、フランスのものが著しく豊かな味わいです。
私どもは、菓子屋が始めた菓子屋の視点を持った素材屋という原点は忘れずに活動していこうと考えております。

イル・プルー・シュル・ラ・セーヌ
代表　弓田亨

ヨーロッパから直輸入している製菓材料
写真左上よりフランス産ハチミツ、ドライアプリコット、リキュール類、アーモンド、ショコラ・イヴォワール、クーベルチュール・スーパー・ゲアキル

---

イル・プルー・シュル・ラ・セーヌ企画　輸入販売部

〒150-0021 東京都渋谷区恵比寿西 1-16-8 彰和ビル 2F
製菓材料のご注文・カタログのご請求・お問い合わせ
Tel.03-3476-5195　Fax.03-3476-3772　http://www.ilpleut.co.jp
インターネット通信販売「楽天市場」でも取り扱い中　http://www.rakuten.co.jp/ilpleut/

# L'ÉPICERIE IL PLEUT SUR LA SEINE
### エピスリー　イル・プルー・シュル・ラ・セーヌ

2009年秋より恵比寿から代官山に移転。
より便利になった、弓田亨の五感が選ぶ素材と器具の店。

## 心と身体がよろこぶ、本当のおいしさに出会える

これまで以上に、パティスリー、教室と連動し、弓田亨が考える「本当においしい素材」を手に取って確かめて購入できる店として2009年秋に代官山教室内に移転。再スタートしました。これまで通り、イル・プルーのお菓子作りに必要な、弓田亨が厳選して集めた秀逸な素材を実際に手に取り、確かめて購入できる他、弓田亨が近年力を入れている日本の家庭料理「ごはんとおかずのルネサンス」関連の材料として、いりこや味噌なども取り揃えています。イル・プルーのお菓子作り、ルネサンスごはんを始めるお手伝いをいたします。

直輸入のリキュール（左）とハチミツ（右）。

---

**製菓材料と器具の店　エピスリー　イル・プルー・シュル・ラ・セーヌ**

〒150-0033　東京都渋谷区猿楽町17-16　代官山フォーラム2F
TEL.03-3476-5160　FAX.03-3476-5159
営業時間 11：30～19：30　定休日　火曜（祝日の場合は翌日振替）

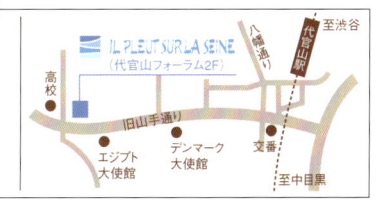

# MATERIAL
## 弊社で取り扱っている材料一覧

本書で使用し、弊社輸入販売部・通販・直営店エピスリーで購入できる材料をご紹介します。[お問い合わせ・ご注文先 ➡ P.92・93]
弊社が独自に輸入している商品を中心に、秀逸な材料を揃えております（★は弊社直輸入商品）。

※ 商品パッケージは変更する場合がございます。

### 1 天然はちみつ★ (仏/オージエ社)
オージエ社のはちみつは、フランス・プロヴァンスやスペインのはちみつからつくられています。それぞれの種類はミネラル豊かな土地で栽培された花から取られたものであり、オレンジならオレンジ、レモンならレモンのはっきり分かる個性をもった本当に豊かな味わいのものばかりです。これらのはちみつはシフォンケーキにはなやかでうれしい味わいを与えてくれます。本書ではオレンジ、レモン、アカシア、プロヴァンス、菩提樹のはちみつを使っています。

### 2 グラニュー糖（シュクレーヌ）（塩水港精糖（株））
一粒一粒が、一般のグラニュー糖の1/6という高純度・極微粒のグラニュー糖です。

### 3 キャソナード (仏/ベギャンゼ社)
フランスで精製されたインド洋、アンティエ諸島産の赤砂糖で豊かなはっきりした顔立ちの味わいがあります。お菓子にあたたかい味わいを与えてくれます。

### 4 パータ・グラッセ・ブリュンヌ★ (仏/ペック社)
コーティング用のスイートチョコレートです。湯煎にかけて溶かし、30〜40℃にするだけで、温度調節をしなくてもお菓子の上がけができ、きれいにかたまり艶もでます。

### 5 クーベルチュール・スーパー・ゲアキル★ (仏/ペック社)
スイートチョコレート（カカオ分64%）は有名なカカオ豆の産地、南米エクアドルのゲアキル産の芯のある印象的な香りが特徴です。お菓子により印象的な味わいをもたらします。

### 6 ショコラ・イヴォワール★ (仏/ペック社)
フランス産の滋味深い全脂粉乳のみを使ったホワイトチョコレート（カカオ分31%）で、またすばらしい味わいのあたたかさ、豊かさは比べるものがないほどです。

### 7 クーベルチュール・ラクテ・エクストラ★ (仏/ペック社)
ミルクチョコレート（カカオ分37%）はやさしい深い味わいが命です。口に入れると本当に幸せな味わいをもたらします。シフォンケーキの繊細なやわらかさをさらに高めてくれます。

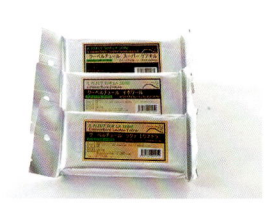

### 8 オレンジ・チョコ★ (仏/ペック社)
味わい豊かなフランスの全脂粉乳を使用したホワイトチョコレートにオレンジの香料と色素を加えたものです。

### 9 ココアパウダー★ (仏/ペック社)
ココアは香りが命です。フランス・ペック社のココアはとても深くて長い豊かな香りをもち、お菓子の味わいをより印象深く目鼻立ちのはっきりしたものにしてくれます。

### 10 ミルクパウダー（乳脂肪分26%）★ (仏/レジレ社)
滋味深い味わいをもったフランス産の全脂粉乳です。

### 11 コンパウンド・オレンジ★ (仏/セバロム社)
コンパウンド・オレンジとは、スペイン産のオレンジの皮から抽出した香りの成分を主としたペースト状のものです。本当はオレンジの皮をすって香りをつけたいのですが、アメリカから輸入されるオレンジの皮には農薬、防腐剤などが多量に付着しているので使いません。

### 12 バニラエッセンス★ (仏/セバロム社)
マダガスカル産のブルボンバニラから抽出したお菓子に最適の自然な甘い香りをつくり上げます。タヒチ産などは薬くさい香りがあり、お菓子には向いていません。

### 13 コーヒーエッセンス★ (仏/セバロム社)
日本に輸入されている粉末インスタントコーヒーは、日本向けによくない原材料でつくられたものが多く、それだけでは十分な深い香りを得ることはできません。セバロム社のコーヒーエッセンスは暖かい深い味わいをお菓子に与えます。

### 14 冷蔵フルーツピューレ★ (仏/ラビフリュイ社)
フランス・ラビフリュイ社の90℃加熱殺菌の果汁パックはしっかりした味わいがそのまま保たれています。シフォンに杏なら杏の味わいを十分にたやすく与えることができます。本書ではミルティーユ（ブルーベリー）、アプリコット、パッションフルーツのピューレを使っています。

### 15 冷凍ホールフランボワーズ（ラズベリー）
ラズベリーは深くて長い香りで味わいがすべてです。

### 16 オレンジピール
清爽なオレンジの香りのあるものを使います。

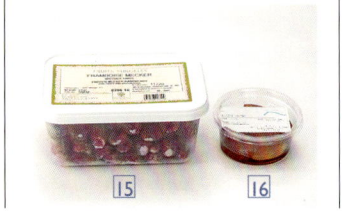

| 17 | フランス産くるみ★
（仏／セルノ社）

国産のくるみは渋皮が厚かったり、味わいや香りがくすんでいて、お菓子のおいしさを引きあげてはくれません。フランスのものは自然な心地よいおいしさがあります。確実にお菓子のおいしさを引きあげてくれます。

| 18 | アーモンド★
（スペイン／アリクサ社）

アーモンドは何といってもスペイン産が際立って優れています。なかでもスペイン内陸のカタルーニャ地方、レリダ産のマルコナ種のアーモンドは比類ないおいしさをもち、力強くお菓子のおいしさを高めてくれます。本書ではアーモンドパウダー、アーモンド（縦6割）を使っています。

| 19 | ドライアプリコット★
（トルコ／ハザル社）

杏らしい穏やかな味でありながら、しっかりとした味わいがあります。さまざまなお菓子に入れると、その味わいがはっきりと生きてきます。

| 20 | パートゥ・ドゥ・マロン★
（スペイン産）

今までのパートゥ・ドゥ・マロン（マロンペースト）の常識をくつがえす逸品です。スペインの味わい豊かな栗をさらに味わいのしっかりしたものにつくりあげたものです。どんなお菓子にも使いやすく、必ず豊かな栗の表情を与えてくれます。

| 21 | 全粒粉（パワー）

全粒粉は、麦の外皮以外のすべてを加えたもので、栄養的にもより多くの微量栄養素を含みます。またふすまのカリッとした歯触りがシフォンケーキのおいしさを広げてくれます。

| 22 | 鳥越製粉のフランス

豊かな風味をもった鳥越製粉の中力粉は、シフォンケーキのやわらかさに芯を与えてくれます。

| 23 | 薄力粉（スーパーバイオレット）

| 24 | JB ホワイトラム★
（ジャマイカ／ザ・ラム・カンパニー）

明るくツンとした芯をもった香りは、フルーツの新鮮なイメージをいともたやすく支えてくれます。

| 25 | ダイアナ・バナナクリーム・リキュール（ドイツ産）

バナナのあたたかく深い味わいが容易に得られます。

| 26 | ダーク・ラム★（仏／ルゴル社）

豊かでふくらみのある香りがお菓子に力強さを与えてくれます。

| 27 | オレンジキュラソー
（オランジュ40°）★（仏／ルゴル社）

イスラエル産のビターオレンジの皮を漬けこんだ、えもいわれぬ深い豊かな香りをもつオレンジのリキュールです。なんともいえないあたたかい味わいをお菓子に与えてくれます。

| 28 | キルシュ★
（仏／ルゴル社）

フランス・アルザス地方、滋味豊かなさくらんぼを使ったルゴルさんの、まるで神様の手を借りてつくられたような、心に深くしみこむリズム感豊かな味わいのキルシュです。

| 29 | フランボワーズリキュール★
（仏／ジョアネ社）

フランス・ブルゴーニュ地方の際立ったおいしさをもつラズベリー（フランボワーズ）を使ったジョアネ家の昔ながらの製法のリキュールです。本当の少量の手づくりで、これ以上のものはフランスでも見つけることはできないと思います。食前酒としても極めつきのおいしさです。

| 30 | アプリコットリキュール★
（仏／ジョアネ社）

ジョアネ家の昔ながらの製法の、しっかりとした香りとあたたかい味わいの杏のリキュールです。

| 31 | オーフス
ピーナッツオイル
（鈴商（株））

イギリス産の味わい豊かなピーナッツオイルです。

| 32 | レストルネル
エクストラ
ヴァージンオリーブオイル★
（スペイン／ヴェア社）

アーモンドと同じく、スペイン・カタルーニャ地方レリダの豊かなミネラルによって育まれたオリーブは世界で三本の指に入るとの評価を受けています。心と身体がうれしくほっとするおいしさをお菓子や料理に与えてくれます。

代官山『イル・プルー・シュル・ラ・セーヌ』が創る
## 新シフォンケーキ　心躍るおいしさ
―人気講習会から選りすぐった22のレシピ―

| | |
|---|---|
| 著者 | 弓田 亨 |
| | 深堀 紀子 |
| 調理アシスタント | 松﨑 多恵子 |
| | 佐藤 聖子 |
| | 渡部 芽久美 |
| | 丹後 ひとみ |
| | 櫻井 愛 |
| | 中村 絵梨奈 |
| | 津曲 香里 |
| 編集 | 中村 方映 |
| | 工藤 和子 |
| 撮影 | 大滝 吉春（studio SEEK） |
| 撮影アシスタント | 荒木 宣景（studio SEEK） |
| スタイリング | C・R・K design |
| ブックデザイン | 北谷 千顕（C・R・K design） |
| | 今村 クマ（C・R・K design） |
| | 矢島 久美子（C・R・K design） |
| | 吉植 のり子（C・R・K design） |
| カリグラフィー | 江本 薫（C・R・K design） |

本書はエピスリー　イル・プルー・シュル・ラ・セーヌ（恵比寿）で
開催していたシフォンケーキ講習会のレシピを一冊にまとめたものです。
※ 現在は代官山のフランス菓子教室にて引き続きシフォンケーキ講習会を開催しています。

初版発行　2006年4月17日
6刷発行　2013年9月17日

発行者　弓田 亨
発行所　株式会社イル・プルー・シュル・ラ・セーヌ企画
　　　　〒150-0033　東京都渋谷区猿楽町17-16　代官山フォーラム2F
　　　　http://www.ilpleut.co.jp/
　　　　書籍に関するお問い合わせは出版部まで。
　　　　〒150-0021　東京都渋谷区恵比寿西1-16-8　彰和ビル2F
　　　　Tel. 03-3476-5214　Fax.03-3476-3772
印刷・製本　大日本印刷株式会社

ISBN978-4-901490-15-3
本書の内容を無断で転載・複製することを禁じます。落丁本、乱丁本はお取り替えいたします。
Copyright © 2006 Il Pleut Sur La Seine Kikaku. Co., Ltd.
Printed in Japan